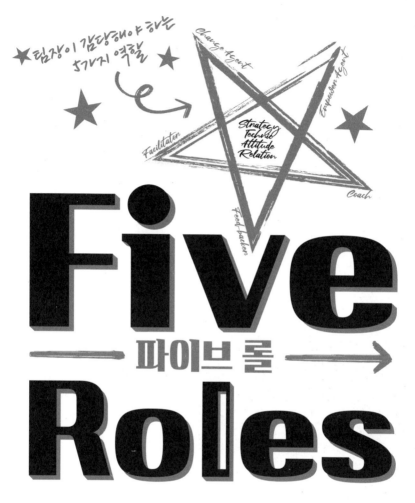

★ 팀장이 감당해야 하는 5가지 역할

Change Agent

Empower Agent

Facilitator

Strategy
Techno
Attitude
Relation

Coach

Feed-back

Five
파이브 롤
Roles

이덕화 지음

plan b
DESIGN

추천사

팀장이라는 리더가 중요한 이유를 재확인할 수 있었다

최문섭 | NH농협손해보험 대표이사

리더십이라는 불멸의 주제를 다룬 《파이브 롤(Five Roles)》을 읽고 나서 내 자신을 돌아볼 수 있는 시간을 가질 수 있었다. 지금은 회사의 대표이지만, 과거에는 본인도 당연히 팀장이라는 중간 관리자 역할을 하던 때가 있었기 때문이다. 제대로 된 리더십, 회사 특성에 부합한 리더십을 발휘한다는 것이 좀처럼 쉬운 일이 아니다. 그렇다 보니 책에서 말하는 것처럼 수많은 리더십 이론이 계속해서 만들어지고 있다. 이제는 리더십이라는 말이 마치 '너무 많이 먹어서 물린다.'라고 이야기할 정도일 것이다. 그렇지만 조직이라는 구조에서 무엇보다 필요로 하는 것이 제대로 된 리더십이다. 최고경영자부터 사원까지 어떠한 내용이든 올바른 리더십을 장착해야 견실한 조직을 구축하고 개인별 역량을 갖출 수 있다. 예를 들면, 스스로가 동기부여할 수 있는 셀프 리더십, 관리력을 발휘할 수 있는 리더십, 창의적인 리더십 등 이름이야 어떻든 유용하고 고무적인 리더십을 발휘할 수 있어야 한다.

무엇보다 팀(Team)의 의의와 팀장의 역할을 깊이 있게 다루었다는 점과 독자들이 활용할 수 있는 몇 가지 활용 Tool을 제공함으로써 내용의 활용도를 높이고자 했다는 점이 독자들에게 도움이 될 것이다.

조직에서는 매일 매일 다양한 일들이 벌어진다. 정말 예상치 못한 수많은 상황들 속에서 리더들은 정신 못 차릴 정도로 바쁘거나, 심각하거나, 애매한 상황으로 고통 받는다. 이렇게 다이나믹한 상황에서 리더들은 중심을 잡을 수 있어야 한다. 기업문화, 업무 특성, 상사의 성향, 팀원의 성향 등에 따라 중간 관리자급 리더들은 자신만의 리더십을 발휘할 수 있어야 한다. 이런 면에서 이 책은 리더로서 기능해야 할 몇 가지 핵심적인 역할들을 제시하고 있다. 리더십이라는 손에 잡히지 않는 개념을 개발하고자 하는 사람들에게는 실행 매뉴얼과 같은 기능을 할 수 있을 것이라 확신한다.

돌이켜 생각해 보면 의식적이든 아니든 이 책에서 말하는 팀장이라는 리더로서의 몇 가지 역할과 리더십 발휘를 본인도 해 왔던 기억이 있다. 후배 팀원들과 격렬히 논쟁하기도 하고, 저녁에 회포를 풀며 형님 동생 하던 시절의 기억이 새롭게 느껴졌다. 지금도 마찬가지다. 회사의 대표이사로서 느끼는 무게감을 어느 때보다도 무겁게 느끼고 있다. 그런 면에서 이 책은 나에게 초심을 돌아보게 하는 기회를 갖게 했다. 단편적인 리더십 이론이 아닌 다양한 내용과 저자가 직접 경험한 사례는 현실감을 느끼게 할 수 있었고, 드라마 소재를 활용하고 있어서 보다 재미있게 읽을 수 있었다.

이 책의 저자인 이덕화 팀장은 이번이 두 번째 책이라고 한다. 저자는 25년 이상 HRD분야 업무를 담당하면서 배우고 경험하고 업무로써 수행한 리더십에 대한 다양한 내용을 이 책에 담아내고자 했다. 작가의 이러한 노력이 리더를 꿈꾸고 있는 분들이나 훌륭한 리더가 되고자 하는 분들에게 분명한 메시지와 방법을 전달할 수 있을 것이라 확신하며 이 책을 적극 추천한다.

직장 생활의 즐거움을 위한 필독서

안정국 ㅣ NH농협손해보험 차장

20년이 넘는 긴 세월 동안 직장 생활을 한 내게 조직의 한 구성원으로서 왠지 모를 '설렘'을 다시 느끼게 해 준 책이었다. 현직 팀장이자 다양한 팀을 리딩해 온 저자의 솔직한 경험담은 마치 '조직 포르노그래피'를 보는 것 같기도 했다. 자신이 속한 조직이 더 나아지기를 바라는 직장인이라면, 팀 리더들뿐만 아니라 모든 구성원에게 필요한 책이라고 확신한다. 이 책을 통해 출근 시간, 근무 시간, 퇴근 시간까지 모두 '즐거움'을 경험할 수 있게 될 것이다.

최상의 팀을 이끌어 최고의 성과를 내고 싶다면

송경화 | 미국 World Mission University 상담심리대학원 학과장

이 책은 한 편의 드라마를 보는 듯 편하고 쉽게 팀장 리더십을 잘 설명해 주고 있다. 성공한 팀 스토리를 만들어 가고자 하는 열정과 비전이 있는 직장 리더들에게 꼭 필요한 안내서로서, 이 책을 통해 최상의 팀을 이끌어 최고의 성과를 일궈낼 리더가 될 수 있는 구체적인 길을 발견할 것이라 확신한다. 나 역시도 한 학과를 이끌어가는 팀장이라 할 수 있는데, 많은 도전 의식과 동기부여를 해 주는 내용이었다. 직장에서 팀을 이끌고 있는, 그리고 앞으로 이끌게 될 리더들이 꼭 읽어보기를 권하고 싶다.

팀장 리더십 역량개발의 지침서

정연태 | POSCO FLOW Consultant

조직의 존재 때문에 '리더십의 중요성은 불변의 진리'다. 이 책은 진리에 한 발 더 다가서기 위한 방법으로 팀장의 파이브 롤(Five Roles)을 제시한다. 무엇 하나 중요하지 않은 역할이 없다. 탁월하고 균형잡힌 '팀장 리더십'을 유지하고 개발하는 데 지침서가 될 수 있다는 확신이 든다.

'예술적인 리더'가 되고 싶다면

서정림 | 성남아트센터 대표이사

리더로서 조직을 이끄는 것을 예술에 비유하자면 '조화로운 작품 창작 활동'이라 하겠다. 예술의 세계에서 중요한 것은 독창성이기도 하지만 조화로움도 절대 빼놓을 수 없다. 우리는 아름답고 경이로운 모습을 보면 '예술이다'라고 한다. 실제로 훌륭한 리더를 만나도 그런 감탄이 절로 난다. 이 책은 리더가 갖춰야 할 역할들의 조화를 명료하게 제시하고 있다. '예술적인 리더'가 되고 싶다면 반드시 이 책을 읽어야 할 것이다.

마음 충만한 회고를 위해서

김정환 ㅣ (주)에스엠피 대표, 영남대학교 사회학과 겸임교수

이 책을 접하고 나는 문득 '내 자신도 크든 작든 항상 사람들 속에 살고 있구나'라는 생각이 들었다. 그리고 그들 속에서 내가 무엇을 잘 했는지 돌아 보았다. 치열하고 솔직하게 행동했던 것 같고, 이 책도 그런 것을 이야기 하고 있다. 팀장이라는 자리에서 어떤 마음을 가지고 어떻게 행동해야 '마음 충만한 회고'를 할 수 있을지를 알려주고 있다.

팀장으로 리더십을 발휘하고 싶다면

김형수 ㅣ 한국신용평가 상무

꽤 오랜 세월 기업에 몸담으며 팀장과 함께 일하기도 하고, 팀장이 되어보기도 했다. 솔직히 말하면 어떤 위치에 있든 쉬운 때는 없었다. 이 책을 읽으며 드라마의 장면처럼 옛 기억이 났다. 팀장으로서 리더십을 어떻게 발휘해야 할지 알고 싶다면 이 책을 꼭 읽기 바란다.

팀을 이끄는 방법을 한눈에 들여다볼 수 있다

안기홍 ㅣ HLB테라퓨틱스 대표이사

기업 내 팀장은 대부분 중간 허리 역할을 담당한다. 이들은 권한에 비해 책임이 무겁다. 이런 상황에서 팀 리더로서 자신도 지키며 팀을 이끈다는 것은 결코 녹록한 일이 아니다. 다행히 이 책에서 우리는 그 방법들을 한눈에 들여다볼 수 있게 되었다.

프롤로그

직장을 소재로 한 드라마는 많다. 그중 가장 기억에 남는 드라마는 만화로 먼저 유명했던 「미생未生_아직 살아 있지 못한 자」(윤태호)이다. 무역종합상사를 배경으로 주인공인 장그래와 영업3팀의 팀장인 오상식 팀장을 중심으로 부서에서 일어나는 다양한 일들과 인간관계를 '바둑'이라는 소재로 재미있게 꾸민 이야기이다. 한마디로 말하자면 직장인들의 희로애락을 그렸다.

필자가 느낀 '미생'은 꽤나 현실감이 있었다. 직장인으로서 경험했을 법한 사건이나 사람의 특징 등을 잘 그려내었다고 생각한다. 어리바리했던 신입사원 시절의 모습, 법보다 주먹이 더 무서운 것처럼 왠지 친근하면서도 무서운 선배 사원, 앞에만 서면 그냥 굽신거리게 되는 무섭게만 느껴지는 관리자급 상사, 하루의 스트레스를 털기 위한 퇴근 후의 술자리, 답답하기도 하고 믿음직하기도 한 후배들. 이런 모습은 오랜 직장생활을 한 사람이라면 당연히 경험해 본 우리들의 실제 모습이다. 그렇다. 분명히 우리 모두는 어느 공간과 시간 속에서든 드라마 속 인물과 같다. 드라마의 핵심적인 성공 요인은 '작품의 완성도'라고 한다. '작품의 완성도'란 매력적인 등장인물과 그의 개성에 어우러진 참신하고 탄탄한 이야기 구조를 말한다.

현실 속 직장인들의 '작품의 완성도'는 어떠한가? 매력적인 캐릭터인지, 개성은 넘치는지, 의미 있는 하루하루를 살아가는 탄탄한 이야기를 만들려 노력은 하는지. 아니면 주말이 오기만을 목 빠지게 기대하다 정작 주말이 오면 소파에 누워 TV 리모컨만 만지작거리지는 않는지. 일요일 밤이 무섭고 월요일 아침의 출근이 도살장에 끌려가는 심정은 아닌지. 어떤 스토리로 내 드라마의 작품 완성도를 높이겠는가?

인간에게 직장은 가정만큼이나 중요한 곳이다. 가정은 혈연의 가족관계로 이루어져 있고, 직장은 의기투합의 팀으로 이루어져 있다. 대부분의 사람이 가정에서 바라는 것은 안식이다. 내 편이 되어주고 위로해 주고 서로 의지하는 관계이다. 한편 직장에서 바라는 것은 무엇일까? 다양한 의견이 있겠지만 '만족감'일 것이다. 그것이 무엇이든 상관없다. 직장 내 만족감은 일과 사람에 관련된 것이다. 일의 경우는 어려울수록 성취감이 생기고 그만큼 자신의 위대함을 증명할 수 있기 때문에 우리는 그것을 통해 만족감 즉, 기쁨과 행복감을 느낄 수 있다. "드라마는 지루한 부분을 잘라낸 인생이다.(Drama is life with the dull parts cut out)(알프레드 히치콕)", "좋은 드라마는 감동과 재미가 함께하는 드라마라고 생각하고 있습니다.(배우 이순재)"라는 말이 있다. 직장 생활 역시 드라마에 비유하자면 '지루한 부분을 잘라내고 감동과 재미가 있도록 자신만의 스토리를 만들어가는 과정'은 아닐까 하는 생각이 든다.

'회사 보고 입사했다가 상사 보고 퇴사한다.'는 말이 있다. 이것을 장르로 비유하자면 슬픔, 잔인함, 비통함을 그린 호러 서스펜스가 아닐까? 이런 장르의 드라마 속 일원이 되어서는 안 된다. 다시 말하자면 희생양이 되어서도 안 되고, 특히나 원인 제공자가 되어서는 더더욱 안 될 일이다. 이런 의미에서 조직의 리더는 그 역할이 무겁다. 편집이 들어간 것이 드라마라면 리더도 팀에서 일어나는 많은 일들에 대하여 편집할 수 있는 능력이 있어야 한다. 조직의 리더로서 지루한 부분을 잘라내고 감동과 재미를 가미하는 역할을 말하는 것이다.

조직의 리더가 된다는 것은 개인적으로나 조직적으로나 대단히 중요한 의미가 있다. 치열한 과정을 거쳐 조직의 리더(팀장)가 된다는 것이 어렵지만, 그렇다고 성과를 내고 조직을 잘 이끌어가는 것도 좀처럼 쉬운 일은 아니다. 많은 사람들은 리더가 되어보니 생각보다 힘들다는 이야기를 한다.

필자도 실무자이던 때와는 확연히 다른 리더로서의 무게감을 경험했다. 팀장으로서 애환도 있었다. 이런 의미에서 리더십에 대해 스스로 정리해 보겠다는 의지가 생겼고, 리더십과 관련된 그동안의 경험과 익히고 배운 내용을 이 책에 담고자 노력했다. 리더십이라는 주제의 명성은 여전히 높고 앞으로도 그럴 것이다. 그렇다 보니 리더십에 대한 연구나 사례 등은 세상에 차고 넘친다. 이런 가운데 종종 '어떤 리더십이 옳은 거야?', '다 똑같은 이야기네.' 등의 다소 냉소적인 생각도 들고, 딱딱하게 느껴질 수도 있다. 그래서 필자는 조금이라도 쉽게 접근하고자 팀장 리더십을 드라마라는 소재에 비유하여 정리하고자 했다.

드라마는 장소적 배경, 등장인물의 캐릭터와 인물의 능력, 여러 가지의 이벤트가 어우러져 이야기가 전개된다. 그래서 이 책은 다음과 같이 구성하였다. Part I에서는 드라마의 장소적 배경이라 할 수 있는 팀에 대한 이야기를 다루었다. Part Ⅱ에서는 이 책의 주인공이라 할 수 있는 팀장이 갖춰야 할 기본적이면서도 필수적인 역할에 대하여 알아보았다. Part Ⅲ에서 Part Ⅶ까지는 팀장으로서 갖추면 더욱 고급스러운 캐릭터가 될 수 있는 몇 가지 역할을 소개해 보았다. 마지막 Part Ⅷ에서는 팀장으로서 인정받고 지향할 만한 리더십 유형을 소개했다.

이 책에선 회사마다 호칭이 다를 수 있겠지만 팀(Team, 2명 이상의 조직)을 기준으로 접근하였고, 팀의 리더를 '팀장'이라 호칭하겠다. 그렇기 때문에 2인 이상의 조직에서 리더 역할을 하는 직장인들에게 이 책을 권하고자 한다.

조직의 궁극적인 목표는 '성과'이고, 또 그래야만 한다. 그 나머지는 모두 과정이고 수단일 뿐이다. 하지만, 올바른 과정과 수단 없이는 성과도 없다. 조직의 리더라면 가장 먼저 고민하는 것은 성과이다. 어떻게 하면 좋은 성과를 낼 수 있을지부터, 그것을 위해 무엇을, 어떻게 할지를 고민하게 된다. 이 책을 통해 조금이라도 그 궁금증들을 해소할 수 있기를 희망하고 성공한 팀 스토리를 완성해 가기 바란다.

목차

팀이라는
드라마의 배경

Part. I

한 사람이 팀에 지대한 역할을 할 수 있지만,
한 사람으로 팀을 만들 수는 없습니다.

– 前 미국 농구 선수 카림 압둘 자바Kareem Abdul-Jabbar

Chapter.1

팀이란

'예수께서 무리를 보시고 산에 올라가 앉으시니 제자들이 나아온 지라'(마태복음 5장 1절).

신약성서에는 무리와 제자들이라는 표현이 자주 등장한다. 무리는 제자들과 달리 자신들의 필요에 따라서만 예수님의 가르침을 듣기도 하고 나눠주는 음식(생선과 빵)을 받아먹기도 하고, 병 고침받기를 일방적으로 요구한다. 한편 제자들은 이런 무리와는 다르게 예수와 늘 동행하고, 예수의 말씀에 따라 행동하고, 자신들의 역할이 무엇인지를 명확히 알고 있고, 또 이를 서로 공유함으로써 순교라는 자기희생까지도 감내한다. 예수를 팔아먹은 변절자도 있었지만 12명의 제자는 예수님과 하나의 팀이 되어 무리가 이룰 수 없는 기적의 역사를 만든 것이다.

이처럼 무리Crowds와 팀Team은 분명하게 단어의 의미로 보나 속성

면에서나 큰 차이가 있다. 무리는 뭉쳐있는 것 같지만 결속력이 없고, 많아 보이지만 보이는 만큼 힘을 발휘하지 못하고, 정렬되어 보이지만 그 안은 전혀 정렬되어 있지 않고, 소속되어 있는 것 같지만 소속감을 느끼지 못하고, 배려가 있는 듯하나 자기희생은 없고, 유익이 없으면 바로 돌아선다.

반대로 팀이란 공유된 목표를 달성하기 위하여 공동의 책임을 지고 정기적으로 상호작용하는 사람들로 구성된 사회적 집합체이다. 예수의 12제자는 하나님과 예수님의 말씀을 세상에 널리 알린다는 공동의 목표를 위해 서로가 이끌어주고 힘을 북돋워주면서 죽음까지 불사한 책임감으로 그들의 목표를 수행해냈다. 이렇듯 단순 무리라는 집단과 하나의 명확한 목표를 가진 팀이라는 집단은 명백히 다르다. 팀이 가지는 특성은 다음과 같은 것들이 있다. •

(1) **경계**가 있다. 팀 구성원들은 집단적으로 자신들만의 자신감과 동기를 형성하게 된다. 이러한 과정에서 팀은 결속하게 되고 외부로부터의 접근을 최소화하거나 거부함으로써 구성원들이 심리적 소속감이나 안전감을 가지려 한다. 이러한 특징이 긍정적일 때는 집단 효능감Collective Efficacy으로 발전하지만, 반대로 외부로부터 위협을 받는다고 느낄 때는 외부의 정보에 대해 귀를 닫고 팀의 올바른 의사결정을 방해하는 집단사고Group Think에 빠질 수 있다. 일반적으로 이것을 '부서 이기주의'라고도 한다.

• 유튜브 'KOOFA' 〈직지심공_팀 문화(Team Culture)〉에서 참고.

(2) **공동과업**이 있다. *Part I* 〈*팀의 미션, 비전, 핵심가치*〉에서
다룰 내용으로, 공동과업이란 팀이 존재하는 이유를 말한다. 존재
이유를 안다는 것은 자신의 역할에 대해 생각하고 행동하게 할 수
있음을 의미한다. 이러한 사고 과정을 '**인지**Cognition'라고 한다. 마찬
가지로 팀도 팀의 존재 이유를 알아야 하고 이를 수행하기 위해 팀
차원에서 생각하고 행동해야 한다. 이것을 '팀 인지Team Cognition'라고
한다. 즉, 팀은 팀 차원에서 인지된 과업을 공동으로 실행한다. 예
를 들면, 축구 팀의 공동과업은 우승이고, 이는 팀원 모두가 인지
하고 있다.

(3) **업무분장**이 있다. 조직이 추구하는 궁극적 목표를 위해 조직
은 여러 팀을 구성한다. 그리고 팀은 그 안에서 또 할 일을 나눈다.
업무분장이란 직무 할당이라고도 하고, 구성원 개인에게 각자의 업
무를 맡기는 것을 의미한다. 팀에서는 개인의 업무능력, 성향, 경
험 등을 고려하여 성과 도출을 위한 효율적인 업무분장을 해야 한
다. 업무분장은 팀 성과 도출에 직접적인 영향을 주는 핵심 사항이
고, 업무분장에 따른 수행 과정에서 지식과 스킬 공유가 원활할 때
제대로 된 업무분장이라 할 수 있다. 한편, 특정된 지식이나 스킬
을 구성원들이 온전히 공유할 필요가 있는 부분이 있는가 하면, 어
떤 것들은 복잡하고 전문적이기 때문에 동일한 수준으로 모두가 공
유하는 것이 불가능하거나 그럴 이유가 없는 경우도 있다. 궁극적
으로 효율적인 업무분장을 통해 팀원 각자의 지식, 스킬이 발휘되
고 공유될 때 팀 성과를 향상시킬 수 있다.

(4) **자율**이 있다. 1980년 중반 이후 미국기업들 사이에 자율경영 팀 개념이 본격화되었다. 자율경영팀의 개념은 작업에 가장 가까이 있는 사람이 직무수행과 개선 방법을 가장 잘 이해하고, 대부분의 종업원들이 자신의 직무와 조직의 효율화에 의미 있는 역할을 하고 자 하며, 팀이야말로 개별종업원에게 줄 수 없는 권한과 책임을 부 여할 수 있다는 세 가지 가정에 바탕을 두고 있다.* 팀의 창발성(전 체는 부분의 합 그 이상)은 세 가지 가정을 근간으로 하고 있기 때 문에 자율 없이는 올바른 팀이라 할 수 없을 것이다.

(5) **외부 환경변화에 의존한다.** 일반적으로 팀 단위는 전체 조직 내에서 하부조직으로써 팀이라는 독립성을 지니고 있다. 이 의미는 팀 단위 조직은 전체 조직 체계 속에서 하나의 팀으로써 작용하고 있다는 것을 말한다. 경쟁업체, 고객, 제품 등 다양한 분야에서 비 즈니스 관련 내 외부의 급격한 환경 변화에 따라 확대, 축소, 신생, 폐쇄 등 전략적으로 조정되는 대상이라는 것이다. 이 말은 팀은 하 나의 완전체로써 작동하기 보다는 외부 환경변화에 따라 역할, 기 능, 규모 등이 변한다는 의미이다.

(6) **책임을 공동으로 진다.** 책임공유를 한방에 이해시켜주는 이론 이 있다. '나무통 이론'이다. 와인을 숙성시키는 오크 나무통이 있고, 이 나무통에 최대한의 와인을 채워야 하는 공동과업이 있다고 생각 해보자. 최대한의 와인을 채우기 위해서 가장 중요한 것은 무엇일 까? 그것은 나무통의 가장 높은 길이의 널빤지가 아니라, 가장 낮은

• 네이버 지식백과, 매경닷컴, '자율경영팀'.

길이의 널빤지이다. 이유는 와인 나무통의 최종 수위는 높이가 가장 낮은 널빤지가 결정하기 때문이다. 이것을 '나무통 이론'이라고 한다. 이것이 시사하는 바는 나무통(팀)을 구성하는 여러 개의 널빤지(팀원)의 높이가 전반적으로 높아야 한다는 것과 널빤지 중 하나라도 낮다면 그 나무통의 수위는 당연히 낮아지고, 이로 인한 팀의 책임은 하나의 나무통으로써 공동책임을 지게 되는 것이다.

(7) **상호 의존적**이다. 팀에서는 공동의 과업을 수행하는 과정에서 서로가 정보를 교환하고, 자원을 공유하고, 다른 구성원과 협조하며 타인에 대해 반응하는 등 상호 의존을 통해 시너지를 만들어 낸다. 동물의 세계에서는 인간보다 훨씬 뛰어난 상호 의존적 팀워크를 보여준다. 예를 들면, 사냥이라는 공동의 목표를 위해 협동 공격을 하는 하이에나, 사자, 늑대와 같은 맹수의 사례, 먹이와 추위를 피해 대장정의 비행을 해야 하는 기러기 사례 같은 것이 그렇다. 생존의 문제에 있어서는 우리 인간도 동물의 세계와 전혀 다를 것이 없다. 그렇기 때문에 팀 생존을 위해서는 상호의존적이어야 하고 그래야 팀이 산다. 동물들이 그토록 상호의존적인 것이 생존 문제라는 점을 상기할 필요가 있다.

나무통 이론 사례: 짧아진 나무통 널빤지

필자의 경우도 '나무통 이론'에 비추어 볼 때 유사한 경험을 했다. 처음으로 팀장직을 맡은 첫 해의 일이다. 우리 팀은 영업 현장을 관리하고 지원하는 본사 소속의 영업팀이었다. 결론부터 말하자면 그해 필자의 리더십은 형편없었다. 기존 인력과 필자를 포함한 몇몇 새로운 인력으로 구성된 우리 팀은 완벽하지는 않지만 초기 1분기에는 의기투합하는 모습이었다. 그러나 하루하루 시간이 지나며 직원 간, 팀장과 직원 간에 금이 가기 시작했다.

결국 2분기부터 유능한 후배가 필자와 등을 돌리게 되었고, 나의 리더십은 그해 마지막 날까지 회복되지 못했다. 원인을 따질 이유 없이 결국 나의 리더십 역량 부재로 팀은 심각한 갈등을 빚게 되었다. 팀장의 리더십 부재로 역량 있는 팀원의 업무 동기를 상실시키고 말았던 것이다. 결국 길이가 길었던 널빤지(팀원)를 짧게 만듦으로써 우리 팀의 팀워크는 바닥을 쳤다. 아이러니하게도 그해 매출 성과는 역대급으로 성장했음에도 팀의 분위기는 매출 성과가 오른 만큼 떨어진 듯했다. 이렇듯 한 명의 팀원은 한 명이 아니라 팀 전체이기도 한 것이다. 다행히 다음 해에도 팀장을 계속해서 맡게 되었고 필자와 등을 돌렸던 팀원과의 관계는 전격적으로 개선이 되었다. 재미있게도 이러한 경험들이 오히려 필자가 리더십에 대하여 깊이 있게 생각하게 된 계기가 되었다. 정말로 세상에 버릴 것은 없는 듯하다.

Chapter.2

건강한 유기체로서의 팀이 되려면

팀을 구성하는 것은 사람이다. 사람은 유기체다. 고로 팀은 유기체이다. 유기체란 여러 부분이 일정한 목적 아래 통일, 조직되어 그 각 부분과 전체가 필연적인 관계를 가지는 조직체이다. 그렇기 때문에 팀이라는 유기체를 제대로 이해하기 위해서는 생물처럼 사람의 속성을 이해해야 한다. 사람을 이해하기 위해서는 심리적, 감성적 측면에서 들여다 볼 필요가 있다. 이것을 성공적으로 파악할 수 있다면 팀이라는 유기체가 가진 각각의 기능을 자연스럽게 작동시킬 수 있게 될 것이다.

삼성의 故 이건희 회장은 우수 인재의 중요성을 강조하며 어느 인터뷰에서 '한 명의 천재가 10만 명을 먹여 살리는 인재 경쟁의 시대'라고 한 말은 유명하다. 절대 공감하는 부분이다. 하지만 개인이 아닌 팀이라는 각도에서 생각해 볼 필요도 있다.

리더십에 자주 등장하는 늑대 무리의 특징은 두 가지다. 리더십과 협동이다. 리더 늑대의 강력한 리더십만 존재했다면 다른 늑대들은 리더를 그저 따라다니는 무리에 지나지 않았을 것이다. 하지만 늑대 무리를 소개하는 많은 영상을 보면 그들은 무리보다는 팀 성격이 강하다. 이유는 리더를 중심으로 협동하는 팀워크 때문이다. 늑대 무리의 우두머리는 선봉에 서서 눈길, 자갈길, 숲, 강, 산 등을 지나는 동안 무리를 이끈다. 하지만 길고 긴 여정을 성공시키기 위해서 우두머리 혼자서 계속 선봉에 서지 않는다. 우두머리가 지치면 뒤를 따르는 다른 늑대가 이어서 선봉에 서서 팀을 이끈다. 이런 모습은 러시아의 시베리아와 캄차카반도에서 우리나라의 철원 일대로 4천 km 정도를 비행하는 기러기의 모습에서도 볼 수 있다. 이처럼 조직이 유기적으로 움직일 때 살아있는 팀이 되는 것이다.

팀장의 뛰어난 리더십만으로는 유기적인 팀을 만들기는 결코 가능한 일이 아니다. 그렇기 때문에 팀이 유기적인 생동감을 유지하기 위해서는 다음과 같은 기본적인 생각을 가지고 팀을 이끌 필요가 있다.

첫째, 팀장은 받기 전에 먼저 **줄 수 있어야 한다**Give. 로버트 치알디니Robert Cialdini가 저술한 《설득의 심리학》에서도 '호혜의 법칙'을 가장 먼저 설명하고 있다. 호혜는 상대방에게 베풀면 최소한 그만큼의 보답을 받을 수 있다는 것이다. 이것은 기독교 성서에도 나오는 '그러므로 무엇이든지 남에게 대접을 받고자 하는 대로 너희도 남을 대접하라'라는 골든 룰Golden Rule 과도 맥을 같이 한다고 볼 수 있다. 팀장은 팀원에게 줄 수 있는 것이 무엇인지, 어떻게 줄 것인지 깊이 생각하고 실천해야 한다. 팀장은 팀원에게 무엇을 줄 수 있을까?

우선 **'마음'을 주어야 한다.** '마음이 지척이면 천 리도 지척이라. 마음이 천 리면 지척도 천 리라.'라는 말이 있다. 서로의 마음의 문턱이 높아서는 다음 단계로 전진할 수 없다. 감사한 마음, 존중하는 마음, 섬세하고 따뜻한 마음을 팀원들에게 보여야 한다. 당연히 이것들은 마음속으로 품고만 있어서는 아무 의미가 없다. 행동과 말로 실천해야 한다. 행동이란 타인으로부터 인지될 수 있는 유일한 수단이다. 마음 속 의지는 행동에 비할 바가 아니다.

다음, **'기회'를 주어야 한다.** 단기적인 팀 성과에만 집중하다 보면 일부 팀원에게만 일할 기회가 집중되는 경우가 있다. 업무역량이나 자질이 떨어진다 하여 성장할 기회마저 주지 않는다면 최악의 팀장으로 전락할 것이다. 업무역량이 뛰어나다고 해서 특정 팀원에게 업무를 집중시켜서는 팀 업무성과가 더 높아지는 것도 아니고, 이런 과정에서 업무역량이 뛰어난 팀원이라 할지라도 점차 지치게 되면서 팀장에 대해 절대로 좋게 평가하지 않는다. 여러 측면에서 기회를 줌으로써 팀원의 역량을 향상시키고 팀의 수준을 끌어올려야 한다.

다음, **'혜택'을 주어야 한다.** 일을 통한 성장감, 일의 가치, 만족감, 승진 등 내적/외적 동기를 느끼고 누릴 수 있도록 노력해야 한다.

둘째, 팀장은 업무와 관련된 모든 것을 **공유해야 한다**Share. 먼저, **팀의 미션**Mission, **비전**Vision, **핵심가치**Core Value**를 공유해야 한다.** 이에 대한 공유 없이 원팀을 만들기도 유지하기도 어렵다. 미션, 비전, 핵심가치에 대해서는 *Part I 〈팀의 미션, 비전, 핵심가치〉*에서 자세히 살펴보겠다.

다음은 **'정보'를 공유해야 한다.** 의사결정은 누가 해야 하는가? 올바른 정보를 가진 사람이 의사결정을 해야 한다. 올바른 정보는 벌어지고 있는 상황이나 앞으로 닥쳐올 일들에 대해서 미리 준비하게 하거나 당장의 문제를 해결하는 등에 중요한 역할을 한다. 팀원 간의 업무 정보, 사내외 정보 등의 공유는 팀이 업무추진 방향을 잡거나, 효율적으로 업무를 추진하거나, 업무성과를 극대화시키는 데 있어서 필수적이다.

마지막으로 **'성과에 따른 보상'을 공유해야 한다.** 보상은 팀원이 투입하는 자원(노력, 시간, 역량 등)을 통해 도출한 결과물에 대한 응당의 조치이다. 자신이 조직에 투입한 것과 조직으로부터 받는 보상에 대한 비교를 통해 자신의 행동을 긍정적이든 부정적이든 어떤 한 방향으로 선회한다. 공정성에 대해서는 *Part VIII 〈균형 잡힌 리더(공정한 리더십)〉*에서 다시 살펴보겠다.

셋째, 팀장이 **취해야 할 것이 있다**Take. 팀장은 팀 미션에 부합한 **'성과'**를 얻어내야 한다. 성과 없는 팀은 존재할 이유가 없다. 회사가 팀에게 바라는 것은 팀의 전체 성과이고 그 책임이 팀장에게 쏠려 있다. 《일을 했으면 성과를 내라》(류랑도)와 같이 '성과'를 소재로 한 서적이 많은 이유도 여기에 있다.

다음은 **'이미지'**다. 이미지는 곧 상품이다. 주변에서 자신을 바라보는 긍정적 시선은 팀장으로서 리더십, 애사심 등을 인정받고 있다는 의미이다. 이것은 곧 팀장에 대한 신뢰로 이어지고, 흔히 말해서 잘 팔리는 팀장이 되기 때문이다. 믿음이 가지 않는 팀장을 적극적으로 따를 팀원을 기대하기 어려운 것은 둘째치고라도 회사는 그런 사람에게 중요한 역할을 부여하지 않는다.

마지막으로 '2인자'를 두어야 한다. 올바른 2인자를 둠으로써 변화의 선봉에 서게 할 수 있다. 아무리 노련한 팀장이라 할지라도 크든 작든 팀 내 저항은 있게 마련이다. 이때 2인자는 갈등을 해결하고 변화를 성공시킬 수 있는 열쇠가 된다. 그는 업무를 원활히 조정하는 조정자 역할도 하고, 변화의 선봉자 역할을 하게 된다.

Chapter.3

팀 목적의식

막스 플랑크Max Planck 생체인공두뇌학 연구소의 잔 소우만 박사는 북극성이나 일몰을 볼 수 없는 상태로 숲과 사막에서 사람이 어떤 행동을 하는지를 조사했다. 조사 결과 사람들은 계속 같은 자리를 맴도는 기현상을 보였다. 본인들은 일직선으로 걷고 있다고 생각했지만 결국 맴돌고 있었던 것이다. 독일 막스플랑크 신경생물학연구소의 잔 소우만 박사는 다음과 같은 의미심장한 말을 남겼다. '자신의 감각을 믿지 마라. 사람들은 자신이 똑바로 걷고 있다고 착각한다.' 북극성이나 일몰은 방향이다. 목적을 명확히 한다는 것은 방향을 명확히 한다는 의미이다.

그럴싸하게 들리는 팀Team이라는 용어는 어쩌면 우리 각자를 구속시키고 있는지도 모른다. 그렇다면 자의 반 타의 반으로 함께하고 있는 팀이 결속력을 가지고 얼마나 오래 버텨나갈 수 있을까?

'정신줄 놓지 말라.'는 말이 있다. 팀의 목적의식이 희미해지는 순간 작은 외압이나 위기를 극복할 힘을 잃게 된다. 안타깝게도 팀이 합치된 목적의식을 구축하고 유지하기는 결코 쉬운 일이 아니다. 팀 내에서 목적의식이 중요한 이유는 팀의 존재 이유를 명확히 함으로써 제자리에서 맴도는 것이 아니라 올바른 방향으로 전진할 수 있어야 하기 때문이다.

'**목적의식**'은 인간에게 의미 있는 가치를 부여한다. 목적은 그것을 쟁취하기 위한 전략과 실행을 필요로 한다. 팀의 각 구성원들은 살아온 배경, 가치관, 일에 대한 신념, 사회적 위치(조직 내 서열) 등 여러 면에서 차이점을 가지고 있다. 그렇다 보니 조직 내에서 갈등이 일어나는 것은 어쩌면 당연한 일이다. **그렇기 때문에 팀장은 팀원들에 대하여 각자의 목적의식을 존중하면서 하나의 팀 목적의식으로 강화시킬 수 있어야 한다. 특히, 목적의식의 수준은 높을 필요가 있다.**

낮은 수준의 목적의식은 낮은 수준의 목적 달성 의지에 머물게 된다. 단순히 해보면 좋은, 해볼 만한 정도의 것이 아니라 팀이 '반드시 달성해야 하는 그 어떤' 일이 되기 위해서는 그에 대한 명확하고 강력한 목적의식을 가지고 있어야 한다. 이러한 과정에서 발생할 수 있는 도전에 따른 실패는 그 자체로 의미 있게 볼 수 있다. 도전 실패로 좌절하는 것이 아니라 그 실패를 극복하고 다가올 도전에 대해 다시 대비할 수 있기 때문이다. 양질의 목적의식으로 고무된 팀은 충동적인 행동을 한다거나 섣부른 결정을 내리는 등의 수준 낮은 행동을 보이지 않는다. 그러기 위해서 팀장은 팀원들이

양질의 성공 경험을 쌓도록 지원하고 도와야 한다. **팀의 목적의식 수준이 팀의 수준을 결정짓는다.**

앞에서도 말했듯이 전체 조직 속에서 팀 단위의 조직은 외부환경에 영향을 많이 받는다. 그렇기 때문에라도 팀이 발전하기 위해서는 무엇보다 결속력이 중요하다는 것은 의심할 여지는 없는 듯하다. 팀장을 포함한 팀원들이 방향을 잃거나 현재 상황에 안주해서는 성장할 수도 없고, 당연히 성과를 기대하는 것도 단언컨대 절대 불가능하다. 팀은 지속적인 성장을 위해 현재의 안전 구역Comfort Zone을 과감히 탈피할 수 있는 노력과 시도가 필요하다. 그것은 팀 전체가 팀 차원의 목적의식이나 방향 없이는 이뤄지기 힘들기 때문이다. 팀이 추구하는 목적과 나가야 할 방향이 정해져야만 그 과정에서 경험하게 되는 갈등과 저항 등의 공포 구역Fear Zone을 뚫고 나갈 수 있다.

이처럼 팀의 공유된 목적의식은 팀원이 업무에 몰입해야 하는 이유를 스스로 깨닫게 하고, 그 과정에서 많은 어려움들을 극복할 수 있는 힘을 유지할 수 있게 하는 만큼, 이것의 중요성을 팀장은 간과해서는 안 될 것이다.

목적의식 예시: 놀이의 목적을 잃은 아이들

한 무리의 장난꾸러기 아이들이 있었다. 아이들은 동네 여기저기를 돌아다니며 놀 만한 곳을 열심히 찾아다녔다. 특히 여름에는 개울에서 놀기를 좋아했다. 그 개울가에는 집이 하나 있었고 그 집에는 노후를 조용히 지내려는 노인이 살고 있었다. 하지만 여름이면 신나게 물놀이를 하며 노는 장난꾸러기 아이들 덕분에 그마저도 쉽지 않았다. 하루는 노인이 신나게 놀고 있는 아이들을 불러 모으더니 한 가지 제안을 했다. "너희들이 신나게 노는 모습을 보니 내가 젊어지는 느낌이 드는구나. 그래서 너희가 계속 여기서 즐겁게 물놀이를 한다면 매일 너희에게 1만 원씩을 주마." 아이들은 당연히 환호하였고 아이들은 열심히 매일 물놀이를 하러 왔고, 노인은 당연히 매일 약속한 돈을 아이들에게 건네주었다.

며칠이 지난 후 노인은 아이들을 불러 모으더니 조금은 미안하다는 듯 이렇게 말했다. "애들아, 조금 미안하게 되었다. 할아버지가 요즘 형편이 좀 좋지 않아졌단다. 그래서 앞으로는 너희에게 5천 원씩 밖에는 줄 수 없게 되었구나. 그래도 계속 놀러 오렴." 그러자 아이들은 크게 실망한 표정으로 시무룩하게 놀이를 하였다.

또 며칠이 지나서 노인은 다시 아이들을 불러 모으고 이렇게 말했다. "애들아, 즐겁게 노는데 미안한 말을 해야겠구나. 내가 형편이 아주 좋지 않아졌단다. 그래서 앞으로는 돈을 하나도 줄 수 없게 되었단다." 아이들은 노인이 밉다는 표정과 함께 이렇게 말하며 자리를 떴다. '앞으로 이 집 앞에서는 절대 놀지 말자. 그러면 저 할아버지는 젊어지는 느낌을 갖지 못할 거야.' 그 후 개울가에서 신나게 뛰어노는 아이들의 모습은 두 번 다시 볼 수 없었다.

애초에 아이들의 놀이 목적은 '즐거움'이었다. 그런데 노인이 주는 '돈'이 끼어들면서 '즐거움'이라는 순수했던 그들만의 놀이의 목적은 바람처럼 사라져버리고 어느새 욕망으로 변질된 것이다. 아이들은 놀이의 애초 목적을 잊은 것이다.

Chapter.4

팀의 미션, 비전, 핵심가치

팀의 높은 수준의 목적의식을 확고히 할 수 있는 방법 중 대표적인 것은 **팀의 미션**mission, **비전**vision, **핵심가치**core value를 공유하는 것이다. 이것들은 팀장으로서 리더십을 십분 발휘할 수 있게 하는 대의명분이 되어준다. '대의명분'이란 '큰 뜻을 이루기 위해 지켜야 할 도리나 본분'을 의미하며, 행위의 정당성을 판단하는 기준이 된다. 추진하고자 하는 일의 정당함과 옳음을 모두에게 인식시키기 위해 반드시 필요한 전략적 수단으로써 사용된다.

개인의 동기요소는 저마다 다를 수 있지만 조직을 움직이기 위해서는 일원화되고 일관된 대의명분이 서야 한다. 대의명분은 정치적 용어이다. 여기서 말하는 '정치'란 사람들 사이의 의견 차이나 이해관계를 둘러싼 다툼을 해결하는 과정을 말한다. 사람은 자신의 이해관계에 따라 움직이기도 하지만 자신이나 조직의 신념이나 자각하는 가치에 따라 행동하고 그렇게 할 수밖에 없는 경우가 많다. 그렇기 때문에 오합지졸의 전열이 아닌 강력한 팀 전열을 갖추기 위해서는 대의명분을 견고히 해야 한다.

대의명분은 조직을 움직이게 하는 힘이다. 인간의 역사는 대의명분에 의해 움직여왔다. 집단을 조종해야 하는 권력자들에게 가장 중요한 것이 바로 '대의명분'이다. 기호학의 대가 롤랑 바르트Roland Barthes는 기호를 이용해 그럴듯한 '신화(이데올로기)'를 만들어 그 집단이 신화를 자연스럽고 당연하게 받아들이도록 한다고 했다. 즉, 기호를 통해 어떤 의미를 부여함으로써 대의명분을 위한 신화를 만든다는 것이다. 롤랑 바르트는 베레모를 쓰고 군복을 입은 흑인 소년이 그의 강한 의지를 엿볼 수 있는 얼굴로 어딘가를 향해 경례하는 잡지 표지의 사진을 통해 프랑스 정부가 신화를 만들었다고 주장한다. 여기서 말하는 신화란 '프랑스는 위대한 제국이며, 모든 프랑스의 자식들은 인종과 관계없이 프랑스의 깃발 아래서 충성해야 한다.'이다. 잡지 표지에 불과한 어린 흑인 군인의 사진이지만 프랑스에 대한 애국심, 즉 '애국주의'라는 이데올로기를 만드는 매개체 역할을 한 것이다.

롤랑 바르트의 기호학을 통한 신화론이 우리에게 불편하게 느껴지는 것은 정치적 목적이나 이데올로기 형성 목적으로 오용되거나 권력적으로 사용된다는 이유 때문이다. 그럼에도 굳이 인용한 까닭은 조직을 움직이기 위해서는 대의명분이 확실해야 하기 때문이다. 여기서는 부정적 의미의 이데올로기나 권력자에 의한 정치적 의도 등을 논하는 것은 아니다. 이렇듯 롤랑 바르트의 신화론으로 볼 때 대부분의 기업들이 기업 규모와 상관없이 조직을 움직이게 하는 대의명분을 쌓기 위한 방법으로 '미션Mission, 비전Vision, 핵심가치Core Value'라는 기호를 이용하여 신화를 만들어 간다.

● **미션**Mission

미션은 존재의 이유, 사명을 의미한다. '우리는 무엇을 해야 하는 존재인가?'라는 물음에 대한 답이다. 사명은 앞서 말한 '목적'과도 의미가 부합한다고 할 수 있다. 미션이란 어떤 존재가 궁극적이고 최상의 가치로써 달성하거나 이루고자 하는 '그 무엇'인 것이다.

● **비전**Vision

비전은 사명을 수행하는 과정에서 달성해야 하는 다양한 모습의 미래 청사진을 말한다. '우리가 사명을 완수하기 위해 가는 과정에서 달성해야 하는 모습들은 무엇인가?'에 대한 답이다. 비전은 동기 유발의 원천이다.

● **핵심가치**Core Value

핵심가치는 미션과 비전을 달성하는 과정에서 반드시 지키고 유지해야 할 가이드 라인이다. 마지막까지 지켜야 할 가치나 신념 같은 것이다. 실행과정에서 수많은 판단, 선택, 실천의 기준이 된다. '우리가 지켜야 할 것과 일하는 방법은 무엇이어야 하는가?'에 대한 답이다.

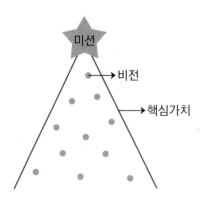

〈미션, 비전, 핵심가치〉

기업의 미션, 비전, 핵심가치 사례: (주)보하라(BOHARA)

㈜보하라(BOHARA)(이하 보하라)* 는 감자탕을 메인 메뉴로 하여 한식의 세계화를 꿈꾸고 실천하는 외식 프랜차이즈 기업이다. 삼성이나 현대와 같이 우리가 잘 아는 대기업은 아니지만 굳이 사례로 드는 이유는 이들의 미션, 비전, 핵심가치가 단순히 선언적인 것을 넘어 구체적이고 실천적이기 때문이다.

보하라는 가맹점주를 위한 다양한 노력을 인정받아 2020년 4월 한국공정거래조정원으로부터 '착한 프랜차이즈'로 선정되었다. 보하라는 매장을 내주는데 깐깐한 편이다. 이유는 점주와 본사 모두가 실패하지 않아야 한다는 원칙을 지키기 위해 서비스 마인드와 외식업에 대한 이해가 없으면 점포를 내주지 않기 때문이다. 이러한 운영원칙은 보하라의 미션, 비전, 핵

• 보하라 홈페이지에서 발췌(www.namzatang.com)

심가치에 오롯이 녹아들어 있으며, 그 내용은 구체적이고 명확하게 공유되고 있다.

● 미션: 하나님의 사랑(말씀)으로 사람을 살리고 세운다.

◉ 세부 내용

 - 보하라는 하나님의 사랑(말씀)으로 사람을 살리고 세웁니다.

 - 하나님께서 참 주인 되시는 보하라는 하나님의 말씀을 바탕으로 사랑을 실천하며 사람들의 영혼을 살리는 복음을 전파합니다.

 - 또한 건강한 음식으로 고객을 섬기며 선한 재화를 통해 어려운 이웃을 돕고 세우는 거룩한 사명을 가진 크리스천 기업입니다.

● 비전: 한식의 세계화

◉ 세부 내용

 - 첫째, 남다른 감자탕으로 세계적으로 사랑받는 브랜드가 될 것입니다.

 - 둘째, 세계인들이 찾아와 배우고 싶은 한식학교를 세우고 보하라 임직원들이 학생들을 가르칠 것입니다.

 - 셋째, 진리의 복음을 전 세계에 전파하며 100년 이상 영속하는 킹덤 컴퍼니 기업이 될 것입니다.

● 핵심가치: 감사와 기쁨으로 고객을 섬기며 남다른 음식으로 고객을 섬긴다.

◉ 세부 내용

 - 크리스천 기업 보하라가 생각하는 고객서비스는 우리 모두가 하나님을

사랑하듯 진실한 마음으로 고객을 사랑으로 섬기며 건강한 음식을 제공하기 위해 남다른 노력을 다하는 것에 있습니다. 이러한 마음가짐으로 우리 모두가 각자의 자리에서 누가 보든 안 보든 늘 감사와 기쁜 마음으로 '미인AOC'를 실천하며 고객을 섬긴다면 고객들이 보하라의 팬이 되어 우리를 섬기게 될 것입니다.

※ 미인AOC는 보하라의 핵심(습관) 가치이다. '미인'은 '미소'와 '인사'이며 AOC는 'Arrangement(정리), Order(정돈), Cleanliness(청결)'이다. 매일 아침 조회 시간에 박수를 치며 반드시 외치는 구호이기도 하다.

파이브 롤(Five Roles)

아래에서 제시하는 회사가 팀에게 요구하는 미션, 비전, 핵심가치와 팀장과 팀원이 생각하는 팀의 미션, 비전, 핵심가치를 팀원들과 함께 정리하고 공유하도록 하자. 이것이 기초되어야 팀이 하나가 되어 목적의식을 강화하고, 리더십을 발휘할 수 있는 대의명분을 확실히 할 수 있게 된다.

실습: 팀의 미션, 비전, 핵심가치 주요 내용 작성

팀의 미션

- 회사가 팀에게 요구하는 미션

- 팀장과 팀원이 인지하고 있는 팀의 미션

팀의 비전

- 회사가 팀에게 요구하는 비전

- 팀장과 팀원이 기대하는 팀의 비전

팀의 핵심가치

- 회사가 팀에게 요구하는 핵심가치

- 팀장과 팀원이 생각하는 팀의 핵심가치

Chapter.5

효율적인 팀 운영

요리에서 중요한 것은 재료와 조리 과정, 조리 도구이다. 무엇 하나 중요하지 않을 수 없다. 이 모든 것을 잘 정리한 것을 레시피 recipe라고 한다. 요리 초보라도 레시피를 따라하면 나름의 맛을 낼 수 있다. 조셉 캠벨Joseph Campbell은 어느 인터뷰에서 '영웅'의 신화나 소설 속의 수많은 영웅 이야기가 비슷한 전형의 전개 과정을 가지고 있다고 다음과 같이 말했다. '영웅의 길에는 일련의 연속하는 전형적 행동이 있다. 전 세계 많은 지역과 역사적으로 많은 시대에서 그런 행동 패턴이 감지된다. 그것은 기본에서 수많은 사람이 행한 한 개의 행동이라고도 말할 수 있다.'

대부분의 많은 팀장들은 팀을 운영함에 있어 통제 중심형과 자율 중심형 사이에서 고민한다. 통제 중심형은 팀원들의 자율성을 억압하거나 창의성을 틀어막는 부정적 영향을 주게 되고, 자율 중심형은 방임으로 이어져 업무나 팀 관리에 혼선을 불러올 수 있는 부정적 영향이 있기 때문이다. 어떤 유형이 되었든지 업무 내용이나 상황에 부합한 팀 운영이 필요하다. 단순히 팀장 개인 성향에 치중된 팀 운영은 효율적이지 못할 경우가 빈번하다. 꼼꼼한 스타일이라면 사소한 것에 필요 이상으로 구성원의 시간과 노력을 허비시킨다든지, 조급한 스타일이라서 팀원을 달달 볶아댄다든지, 너무 관대한 스타일이라서 업무 공백이 발생하는 등의 경우가 발생할 수 있다.

어떤 유형의 리더십이든 상관없이 필자는 스티븐 코비Stephen R. Covey가 주장한 업무의 중요도와 긴급도를 기준으로 팀장으로서 취할 만한 팀 운영(업무 중심) 방법을 기초 레시피로써 설명하고자 한다.

〈중요도와 긴급도를 활용한 팀 운영 기초 레시피〉

긴급도		
높음	② 개인이 일상적이고 정기적이고 의무적으로 추진하는 상황 → 간섭, 조정 등	④ 팀 차원에서 최우선적으로 수행해야 할 가치나 의무가 있는 상황 → 협력구축, 지원, 외부협조 등
낮음	① 팀 차원에서 부수적이거나 업무와 직접적인 관련이 없는 상황 → 무관심, 무시 등	③ 팀 차원에서 중장기적으로 수행해야 할 가치나 의무가 있는 상황 → 지원, 코칭 등
	낮음　　　　중요도　　　　높음	

① **업무 긴급도 낮음 / 중요도 낮음**: 팀 차원에서 업무적으로 미뤄두어도 될 만한 부수적이거나 업무와 직접적인 관련이 없는 상황

으로 팀장이 취할 수 있는 리더십 도구는 최소한의 관심이나 무시 등이다.

② **업무 긴급도 높음 / 중요도 낮음:** 팀원 개인의 일상적이고 정기적이고 의무적으로 추진하는 상황으로 팀장이 취할 수 있는 리더십 도구는 최소한의 간섭이나 조정 등이다.

③ **업무 긴급도 낮음 / 중요도 높음:** 팀 차원에서 중장기적으로 수행해야 할 가치나 의무가 있는 상황으로 팀장이 취할 수 있는 리더십 도구는 지속적인 지원이나 코칭 등이다.

④ **업무 긴급도 높음 / 중요도 높음:** 팀 차원에서 최우선적으로 수행해야 할 가치나 의무가 있는 상황으로 팀장이 취할 수 있는 리더십 도구는 팀 전체의 협력 관계를 구축하고 외부로부터의 각종 지원과 협조를 성사시키는 것 등이다.

팀장은 **업무의 긴급도와 중요도**에 따라 팀 전력을 어떻게 사용할지를 판단해야 한다. 예를 들어, 업무적으로 무관심하고 무시해도 될 만한 일에 대하여 필요 이상의 전력을 낭비한다거나, 팀원 전체의 역량을 집중시켜야 하는 상황에서 방임적인 태도를 취하는 등 상황에 맞지 않게 팀을 운영하는 우를 범하지 말아야 한다. 팀장 개인의 타고난 성향이나, 팀장이 겪고 있는 심리적 스트레스나 팀원과의 갈등 같은 이유로 이러한 현상은 종종 본인의 의지와 별개로 일어나곤 한다.

Chapter.6

팀원의 감정, 태도, 행동

팀 결속력의 와해는 불충분한 소통으로 인한 부정적이고 자의적인 추정이나 판단에 기인한다. 이 과정에서 당연히 서로에 대한 불신이나 악감정이 싹트면서 방어적인 태도, 갈등으로 이어진다. 이러한 부정적인 태도나 팀원 간 갈등은 상대방에 대한 적개심과 더욱 확고한 불신으로 굳어지게 된다.

경험상 이러한 굴레에 한 번 빠져들면 팀은 그곳에서 헤쳐 나오기가 거의 불가능할 만큼 힘들다. 결국 이런 지옥 같은 상황은 팀원의 감정, 태도, 행동에 순차적으로 악영향을 미치게 된다. 그렇기 때문에 팀장은 팀원에 대해서 속 깊은 곳까지 헤아릴 수 있어야 한다. '열 길 물 속은 알아도 한 길 사람 속은 알 수 없다.'는 말이 있다. 그만큼 사람 속마음을 알아차리기 어렵고, 나아가 상대를 이해하고 공감하기란 더더욱 어려운 일이다.

팀원을 통해 팀 성과를 내야 하는 팀장으로서는 이 점이 무엇보다 어렵고 힘든 일일 것이다. 그런 의미에서 '知彼知己 百戰不殆(상대를 알고 나를 알면 백 번 싸워도 위태롭지 않다.)'는 말은 절대 진리에 가깝다는 생각마저 든다.

글로리아 발삭Gloria Barczak은 그의 논문 〈Antecedents of Team Creativity: An Examination of Team Emotional Intelligence, Team Trust & Collaborate Culture〉에서 팀 창의성Team Creativity의 선행 조건으로 팀 감성지능, 팀 신뢰, 협력문화를 들었다. 팀의 높은 감성지능Team Emotional Intelligence이 구축되면 팀원 간의 신뢰감Team Trust이 쌓이고, 이는 팀 내 협력적인 문화Collaborate Culture를 구축하는데 영향을 주고, 결론적으로 이러한 요소들은 창의적인 팀을 만드는 요인이 된다고 했다. 이는 조직 내 구성원들의 **감정**Emotion, **태도**Attitude, **행동**Behavior이 서로 연동되어 연쇄반응을 일으킨다고도 말할 수 있다. 따라서 성과를 내고 좋은 팀 문화를 갖추기 위해서는 팀원의 감정, 태도, 행동에 대해 올바르게 이해하고 이와 관련한 다양한 문제를 해결하려는 노력을 기울여야 한다.

● **감정**Emotion

"일터는 … (중략) … 감정처리를 포함한 인간의 복잡하고 다양한 처리과정이 매일 반복되는 공간이다. 일터에서 사람들은 죄책감, 분노, 기쁨, 불안을 느끼며 심지어 이러한 감정을 하루에 모두 겪기도 한다. 일터에서 일어나는 사건들은 종업원들의 감정에 큰

영향을 미친다."[•]

'감정Emotion'이란 어떤 현상이나 사건을 접했을 때 마음에서 일어나는 느낌이나 기분을 말한다. 특정한 감정의 발생 원인과 감정 상태는 다음과 같이 분류된다.

　－ 생리적·신체적 원인: 신체적 고통에 따른 화남,
　　　　　　　　　　　　건강함에 따른 행복감 등
　－ 심리적 원인: 요구수준에 대한 도달 정도에 따른 패배감,
　　　　　　　　성취감, 안타까움 등
　－ 사회적 원인: 사회적 관계 속에서 느끼는 열등감, 우월감, 애증 등
　－ 문화적 원인: 자신이 속한 집단의 문화적 속성이 자신이 추구하
　　　　　　　　는 것과의 부합여부에 따른 소속감, 소외감 등[•]

드라마 「미생」을 보면 매회 다양한 상황과 감정 상태를 묘사하고 있다. 파이팅 넘치는 모습, 자부심 있고 당당한 모습, 화난 모습, 삐쳐있는 모습, 의기소침해진 모습, 수치를 느끼는 모습, 시기하는 모습, 감사하는 모습, 동정하거나 연민하는 모습 등 참으로 다양한 감정 상태를 보인다. 조직 내 구성원의 감정 상태는 개인뿐 아니라 팀 전체에 직접적이고 강력하게 영향을 준다. 긍정적인 감정은 생산적이고 발전적인 영향을 줄 것이고, 부정적인 감정은 소모적이고

• Paul M. Mukchinsky, Satoris S. Culbertson, 유태용 역, 《산업 및 조직심리학》, 2021, 시그마 프레스, 376p.
• 두산백과(doopedia) '감정'

파괴적인 영향을 줄 것이다.

개인의 감정 상태는 타인에게 강한 전염성이 있다. Westman 등 (2013)의 연구에서는 긍정적 감정이 부정적 감정에 비해 더 강력한 전염성을 가지고 있다고 했다. 또한, Fredrickson(2001)의 긍정적 감정의 확장과 구축이론Broaden-and- Build Theory of Positive Emotion에서는 긍정적 감정은 인식의 폭을 넓히고 다양하게 생각하고 행동하게 한다고 했다.• 글로리아 발삭Gloria Barczak도 팀 내 정서적 신뢰Affective Trust를 쌓는 데 있어서 '팀장의 타인(팀원) 감정에 대한 관리'가 영향을 준다고 했다. 그렇기 때문에 팀장은 **감성지능**Emotional Intelligence이 높아야 한다.

감성지능이란 자신과 타인의 감정과 정서를 점검하고 정서 정보를 이용하여 자신의 감정을 바람직한 방향으로 통제하는 능력을 말한다. 성과를 내는 팀이 되기 위해서 팀장은 무엇보다 팀 감성지능을 높이는 노력을 해야 한다. 이것은 팀 성과를 창출하고, 우수한 팀 문화를 만들어 가는 데 반드시 필요한 초석이기도 하다.

● **태도**Attitude

'태도Attitude'란 어떤 일이나 상황을 대하는 마음가짐 또는 그 마음가짐이 드러난 자세를 말한다. 우리는 '태도'라는 단어를 자기 입장에서 타인을 평할 때 사용한다. 게다가 태도를 좋고 나쁨의 이분법적인 사고로 판단한다. 태도의 의미에서 '대상'이란 말을 눈여겨 봐야 한다. 즉, 어떤 사람에게서 나타나는 태도는 대상에 따라 달라

• Paul M. Mukchinsky·Satoris S. Culbertson, 유태용 역, 《산업 및 조직심리학》, 2021, 시그마프레스, 379p

파이브 롤(Five Roles)

진다는 것이다. 예를 들면, 대하기 불편한 상사를 볼 때의 태도와 눈에 넣어도 아프지 않을 자녀를 볼 때의 태도는 확실히 다르다. 그렇기 때문에 팀장은 팀원의 태도가 '좋다', '안 좋다'를 말하기 전에 팀장 자신을 비롯해 주변에서 그 이유나 원인을 살펴야 한다. 팀원이 인지적, 정서적, 행동적인 측면에서 긍정적이고 발전적인 태도를 가질 수 있도록 팀장은 부단히 살펴야 한다.

사람들은 만족감이 생기면 즐거워지고 마음의 여유가 생긴다. 나아가 타인을 더욱 배려하려 노력하기도 하고 어떤 것에 대해 긍정적으로 몰입하게 된다. 산업 및 조직심리학에서는 **직무만족**Job Satisfaction을 자신의 직무에 대해 느끼는 호감도에 대한 내적 만족감이라 한다. 그리고 일이란 우리 삶 속에서 대단히 중요한 활동이기 때문에 직장 내 직무를 통한 만족감의 정도는 개인뿐 아니라 조직 차원에서 핵심 중요 사항이기도 하다. 그렇기 때문에 팀을 이끄는 팀장은 일Job과 관계Relation에 있어서 **팀원들의 만족감**을 높이기 위한 노력에 당연히 집중할 필요가 있다.

팀원 개인의 태도는 팀 전체에 영향을 미치고, 개인의 태도가 긍정적일수록 팀 분위기는 활성화된다. 이런 의미에서《부족 리더십Tribal Leadership》●에서 말하는 '부족의 다섯 단계The Five Tribal Stages'는 팀원 및 팀의 상태를 파악하는데 도움이 된다.

'부족의 다섯 단계'는 사람들이 사용하는 단어와 집단 내 관계 유형이라는 두 가지 요소에 초점을 맞춘 연구이다. 각 단계에서는 '제

● Dave Logan ˙·John King·Halee Fischer-Wright, 《Tribal Leadership: Leveraging Natural Groups to Build a Thriving Organization》, 2011, Harper Paperbacks.

기랄suck', '훌륭해great'와 같이 각 부족(유사 유형의 집단)이 사용하는 단어에 차이가 있고, 긍정적 단어를 쓰는 부족이 더 훌륭한 관계와 성과를 낸다고 한다. 또한, '리더가 번영할지 아니면 퇴출될지는 부족(팀)이 결정한다.'고 했다. 왜냐하면 어떤 부족(집단)들은 세상을 바꾸고 싶어 하는 반면, 어떤 부족(팀)들은 그저 여유 있게 커피 마시는 것에 만족해하기 때문이다. 다음 표에서는 부족의 단계를 5단계로 설명한다. •

Stage (단계)	Relationship to people (사람들과의 관계)	Behavior (행동 특성)	Language (사용하는 언어)
5	Team (하나의 팀)	Innocent Wonderment (순수한 경이로움)	"Life is great" (인생은 훌륭해.)
4	Stable Partnership (안정적인 파트너십)	Tribal Pride (집단 자부심)	"We're great" (우리는 훌륭해.)
3	Personal Domination (독립적)	Lone Warrior (고독한 전사)	"I'm great" and "You are not great" (나는 훌륭하지만 너는 아냐.)
2	Separate (분리)	Apathetic Victim (무관심의 희생자)	"My life sucks" (내 인생은 쓰레기야.)
1	Alienated (소외)	Undermining (자신감 악화)	"All life sucks" (모든 인생이란 쓰레기야.)

1단계: '모든 인생은 쓰레기'라고 생각하는 부족(집단)은 적개심과 절망감에 사로 잡혀있다. 이들은 자신감이라든가 의욕이라고는 찾아볼 수 없고, 철저히 소외되어 있다.

2단계: '내 인생은 쓰레기'라고 생각하는 부족(집단)은 수동적이

• 위의 책.

고 적대적이다. 이들은 상대를 판단하기 위해 팔을 꼬지만 어떤 열정도 불러일으킬 만큼 충분히 관심을 갖지 못한다. 이들은 피해의식을 가지고 있고 스스로 외부와의 단절도 감행한다.

3단계: '나는 훌륭하지만 너는 아냐.'라고 생각하는 부족(집단)은 개별적으로는 유능할 수 있지만 '외로운 전사'같이 생각하고 행동한다. 자신의 능력이나 노력에 비해 주변이 따라오지 못하고 형편없다고 생각한다.

4단계: '우리는 훌륭하다.'라고 생각하는 부족(집단)은 결속력이 매우 강하다. 4단계에서는 외부의 접근을 차단하고 공격이 있을수록 더욱 강력한 단합을 꾀한다. 이들은 '우리'라는 내부의식이 강하다.

5단계: '인생은 위대하다.'라고 생각하는 부족(집단)은 기적적인 혁신을 함께 이끌어낸다. 이 단계에는 순수한 리더십, 비전, 영감을 공유한다.

부족의 다섯 단계를 기초로 팀의 전체적인 태도가 어떤 단계인지를 파악하고, 더 나은 팀이 될 수 있도록 단계를 올리는 일에도 집중해야 한다.

● **행동**-Behavior

직장 내 성과는 궁극적으로 '행동', '행위'에 의해서 결실을 맺는다. 앞서 말한, 감정이나 태도는 결국 어떤 행위를 촉진하거나 저해하는 요인일 뿐이다. 따라서 팀 성과라는 팀 공동의 목표를 달성하기 위해서는 결국 '행동'에 집중되고 귀결되어야 한다. 한마디로 팀장 입장에서는 어떻게 해야 팀원이 **'성과를 내는 행동'**을 할 수 있을지가 가장 궁금한 부분이 된다.

계획된 행동 이론Theory of Planned Behavior은 이런 궁금증을 해소해 주고 있다. 어떤 행동Behavior은 행동 의도Behavior Intention에 영향을 받고, 행동 의도는 행동에 대한 태도Attitude toward Behavior, 주관적인 규범Subjective Norm, 지각된 통제감Perceived Behavioral Control으로부터 영향을 받는다는 것이다.

사람들이 특정 행동에 대해 긍정적인 태도를 가지고 있을 때, 또는 자신에게 중요한 주변 사람들(부모, 직장 상사, 선생, 지켜야 할 어떤 것 등)에게 그 행동이 용인될 수 있을 때, 또는 행동에 대한 자신의 통제감(할까 말까 또는 할 수 있을까 없을까라는 판단 등)이 긍정적일 때 행동을 하려는 의도가 높아지고, 이것이 비로소 행동으로 이어진다는 것이다. 각각의 개념을 이해하기 위해 코로나19 백신 접종의 예를 들어보자.

계획된 행동 이론 예시: 코로나19 백신 접종을 해야 할까?

- 코로나 백신 접종은 전염을 막으므로 나를 위해 반드시 맞아야 한다.

⋯▶ 어떤 행동에 대한 긍정적인 태도Attitude toward Behavior: 하고자 하는 또는 해야 하는 행동이 자신에게 긍정적인 결과를 가져다 줄 것이라는 판단

- 나라에서 의무적으로 접종 받으라 하였으니, 접종하지 않으면 사람들을 만나기가 곤란해질 것이다.

⋯→ 어떤 행동에 대한 주관적인 규범Subjective Norm: 개인적인 지각이나 사회

적 압력 등에 의해서 어떤 행동을 해야 할 상황

– 나는 주사의 고통을 참을 수 있고 가까운 곳에서 접종할 수 있다.

⋯→ 어떤 행동에 대한 지각된 통제감Perceived Behavioral Control: 행동을 실제로

얼마나 잘 수행하고 통제할 수 있는지에 대한 주관적인 판단

〈계획된 행동 이론〉*

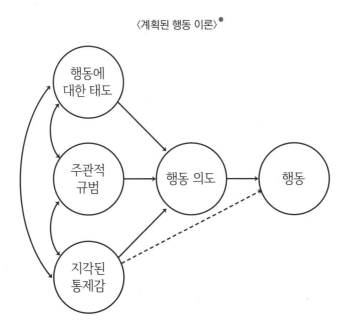

• Ajzen, I.(1991년) The theory of planned behavior. Organizational behavior and human decision processes, 50(2), 179~211, 네이버 지식백과 '계획된 행동 이론'에서 재인용.

대부분의 행동은 의식적이든 무의식적이든 이러한 흐름을 가지고 이루어진다. 그렇기 때문에 팀장은 팀원이 강력한 행동의지를 갖게 하고, 행동을 통한 성과를 원한다면 일과 관계에 대한 긍정적 태도, 조직 규범에 대한 명확한 인지, 성과 도출에 대한 확신과 의지를 심어주기 위한 노력을 지속적이고 적극적으로 실천해야 한다. 이러한 노력의 결과는 훌륭한 성과를 내게 할 것이고, 이는 팀원들이 좋은 태도를 유지하게 하는 동력이 된다. 또한 팀원을 기쁘게 할 수 있다. 기쁨의 감정은 우리를 선하고 올바른 길로 인도해주는 힘이 된다. 그렇게 해서 우리는 좋은 가치관이나 태도를 유지할 수 있게 되는 것이다.

육체와 마음은 늘 대화를 나누고 있으며, 마음으로 생각하는 것은 추상적인 관념 상태에서 그치지 않고 반드시 구체적인 물질로 변화되어 육체로까지 영향을 준다. 긍정적이고 활기찬 마음이 젊음을 유지시키는 것처럼 말이다. 팀장이랍시고 성과를 내야 한다는 미명 아래 팀원의 감정을 최고의 순간이 아니라 최악의 순간으로 만들어가면서 그들은 이렇게 말한다. '애들 정신머리가 없어. 프로의식이 없어. 나만 애가 타.' 등등의 말로 본인뿐 아니라 주변을 힘들게 한다. 팀원이 최고의 순간을 느끼게 하고 싶다면 딱 하나의 사실을 인정하고 받아들이자. 그것은 '인간은 누구나 최선의 결과를 위해 최선을 다하고자 노력한다.'는 것이다.

팀장이 갖춰야 할 기본 역량

Part Ⅱ

오늘날 성공적인 리더십의 핵심은
권력이 아니라 영향력입니다.

– 캔 블랜차드Ken Blanchard

팀장의 역량 STAR

Chapter.1

드라마 「미생」에 등장하는 팀장들의 캐릭터는 다음과 같다.

• 오상식 팀장: 워커홀릭. 사내 정치에는 관심 없음. 합리적이지만 직관을 믿고 결단력도 있음. 높은 애사심과 팀 충성도, 인간적 따뜻함이 있음.

• 선지영 팀장: 능력 있는 워킹맘. 업무적으로나 인간적으로 신뢰가 있음.

• 고동호 팀장: 윗선에는 적절히 머리 숙일 줄도 알고, 입사 동기 오상식 팀장에게는 그런 조언도 아끼지 않는 현실주의자. 오상식 팀장과는 경쟁 관계이면서도 응원하고 우정을 지킬 줄 아는 인간미가 있음.

• 정희석 팀장: 눈치 빠른 유형으로 상사에 대한 아부는 물론 부하 관리도 적당히 잘 함.

이처럼 「미생」에는 다양한 팀장 캐릭터들이 등장한다. 그럼에도 불구하고 이들의 공통점은 팀의 리더 격인 팀장 역할을 하고 있다는 것이고, 그것은 최소한 회사가 그들을 팀장 역할을 수행할 수 있는 역량을 가지고 있는 사람으로 인정했다는 것이다. 즉, 리더십을 발휘할 수 있는 사람으로 인정한 것이다. 그렇다면 리더십을 발휘할 수 있는 최소한의 조건은 무엇일까?

경제학 교수 번바움Birnbaum은 '리더십이 무엇인지 분명하게 정의 내리지 못하여도, 우리는 리더십이 실제로 존재한다는 것을 알고 있다.'● 라고 했다. 여행자에게 수수께끼를 내서 대답하지 못하면 잡아먹는 스핑크스가 이런 수수께끼를 냈다. "나는 언제나 다가가고 있지만 여기에 없으며 결코 도달하지 않는다. 그러나 나는 너희들 가까이에 있다. 나는 무엇이냐?"

답은 '내일'이다. 내일은 선명하지 않고 손에 잡히는 것은 아니지만 분명하고 확실히 존재한다는 것이다. 리더십도 마찬가지다. 분명히 존재하는 것은 사실이지만 잡히지 않고 범접하기가 쉽지 않은 것이라 할 수 있다.

이렇듯 잘 잡히지 않을 것 같은 **리더로서 갖춰야 할 역량**Competency 이란 무엇일까? 일반적으로 역량은 지식Knowledge, 기술Skill, 태도Attitude 로 구성되고 이들을 모두 합한 수준의 탁월함을 말한다. 한마디로 최소한 이 세 가지에서 남들과 비교하여 탁월한 능력을 갖추고 있어야 한다. 그래야 팀원들이 팀장을 따르게 되는 것이다. 팀원들에

● Paul M. Mukchinsky·Satoris S. Culbertson, 유태용 옮김, 《산업 및 조직심리학》, 2021, 시그 마프레스, 490p.

게 팀장은 한 가닥 빛나는 북극성과 같은 존재일 필요가 있다. 팀장은 방향과 희망을 제시해 줄 수 있는 별STAR의 역할을 수행해야 한다. 필자는 상기의 역량에 대한 일반적인 정의에 더하여 팀장 캐릭터로서 갖춰야 할 기본 요건을 Strategy(전략), Technic(기술), Attitude(태도), Relation(관계)으로 구분하였고, 이를 STAR로 설명하고자 한다.

〈팀장 캐릭터의 기본 요건_STAR〉

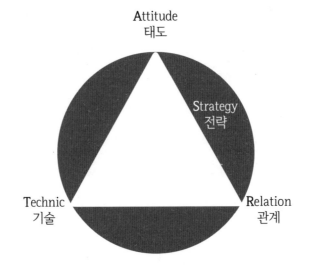

Chapter.2

Strategy(전략)

교육심리학 용어사전에 의하면 **Strategy(전략)**은 '문제를 해결하거나 과제를 수행하기 위해 수행하는 체계적인 인지적 조작활동'이라고 정의하고 있다. 이를 팀 운영에 적용하면, **팀을 어떻게 이끌어갈지를 큰 틀에서 생각하고 판단할 수 있는 능력**을 말한다. 팀을 이끌어가는 팀장은 팀에 부여된 임무를 달성하기 위해 올바른 방향을 제시하고 체계적인 조직 활동이 가능한 전략을 세워야 한다.

조직에서 팀장과 같은 중간 리더가 된다는 것은 팀장 본인 입장에서는 책임감을, 회사 입장에서는 기대감을 동시에 갖게 한다. 팀장과 같은 조직 내 중간 리더는 상하좌우로부터 시달리는 입장일 수밖에 없다. 업무의 방향을 바꿀만한 중요한 의사결정을 할 수 있는 권한이 충분하지도 않고, 그렇다고 손 놓고 바라볼 수도 없는 위치이다. 그렇기 때문에 팀장으로서의 입지를 확실히 구축해야 한다. 그런 의미에서 Strategy(전략)는 리더십 발휘의 중심점이자 팀 운영에 대한 전반적인 프레임과도 같다. 팀 운영을 위한 Strategy(전략) 수립에 도움이 될 만한 방법 두 가지를 제시하고자 한다.

첫째, **팀 SWOT분석**이다. 일반적으로 어떠한 전략을 세울 때는 SWOT(내부의 강점 Strength/약점 Weakness, 외부로부터의 기회 Opportunity/위협 Threat)을 이용하는 경우가 많다. 팀장도 팀 운영에 대한 전략을 수립함에 있어서 자신을 포함한 팀 내부의 강약점과 팀을 둘러싼 환경적인 기회와 위협 요소들을 파악한다면 어느 정도 일관성 있고 올바른 방향으로 팀을 이끌 수 있을 것이다.

〈팀 SWOT 분석 예시〉

Strength 강점	Weakness 약점
- 업무와 관련된 높은 지식과 경험이 있다. - 업무를 주도할 수 있는 팀원이 있다. - 근무에 대한 특별한 불만요인을 가지고 있지 않다. - 구성원 간의 업무협조와 소통이 원활한 편이다.	- 인력부족으로 창의적 업무성과 도출이 곤란하다. - 과업과 관계 간 균형이 부족하다. - 의사결정 능력이 부족하다.
Opportunity 기회	**Threat 위협**
- 유관부서로부터의 협조 요청사항이 증가하고 있다. - 경영진의 지원이 예상된다. - 유관부서의 사업확장으로 팀 역할 확대가 예상된다.	- 경쟁사들의 약진으로 catch up 해야 한다. - 코로나19 등 바이러스 발생으로 시장 수요가 저하된다. - 제품에 대한 고객 만족도 저하 시 이미지에 타격을 줄 수 있다.

이렇듯 SWOT분석을 통한 팀 현황 분석은 팀을 어떠한 방향으로, 어떻게 이끌어갈지 등에 대한 판단을 하는 데 기초 자료로서 도움을 줄 것이다.

둘째, 허시Paul Hersey와 블랜차드Ken Blanchard의 **상황적 리더십 이론**Situational Leadership Theory이다. 이 이론은 구성원의 업무역량과 의지에 대한 성숙도Maturity에 따라 크게 4가지 유형의 리더십Leadership Style을 발휘할 것을 제안하고 있다.

구성원의 업무성숙도Maturity는 M1(역량↓, 의욕↓), M2(역량↓, 의욕↑), M3(역량↑, 의욕↓), M4 (역량↑, 의욕↑)로 구분하였다. 리더십 유형Leadership Style은 직무 지향적 행동Directive Behavior과 관계 지향적 행동Supportive Behavior을 기준으로 **지시형**Directing, S1, **코치형**Coach, S2, **지원형**Supporting, S3, **위임형**Delegating, S4의 4가지 리더십 유형을 제시했다.

지시형Directing, S1은 구체적인 지시와 명령을 내리고 업무수행을 감독한다. **코치형**Coach, S2은 지시나 명령을 지속하지만, 내용을 설명하고 제안이나 의견을 수렴하여 발전할 수 있도록 리드한다. **지원형**Supporting, S3은 역량은 있으나 자신감이나 의욕이 없는 부하직원이 노력하고 실행할 수 있도록 지원하고 의사결정 사항에 대해 참여시킴으로써 책임감을 불어넣어준다. **위임형**Delegating, S4은 의사결정과 책임까지도 부하직원이 주도할 수 있도록 위임함으로써 자기 효능감을 더욱 느끼게 할 수 있다.

허시와 블랜차드는 리더들이 구성원의 성숙도에 따라 필요한 리더십을 발휘할 것을 제안했다. M1(역량↓, 의욕↓)의 구성원에게는 S1(지시적 리더십)을, M2(역량↓, 의욕↑)의 구성원에게는 S2(코치형 리더십)를, M3(역량↑, 의욕↓)의 구성원에게는 S3(지원적 리더십)를, M4(역량↑, 의욕↑)의 구성원에게는 S4(위임적 리더십)의 리더십 적용이 필요하다고 한다.

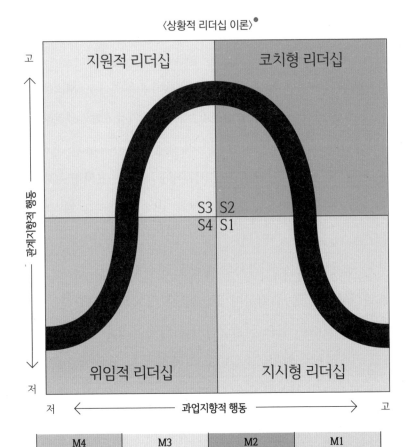

〈상황적 리더십 이론〉[●]

M4	M3	M2	M1
능력 고 의지 고	능력 고 의지 저	능력 저 의지 고	능력 저 의지 저

• 두산백과 '상황적 리더십 이론'에서 참고.

사례 1: 'S4(위임적 리더십)'로 팀원을 이끌다

필자가 영업부서 팀장을 막 시작했을 때는 20년 이상 회사 내 교육 업무만을 맡아왔기 때문에 영업 관련 업무 경험과 지식이 턱없이 부족한 상태였다. 이를 극복하기 위해 업무파악을 위한 노력이나 구성원과의 관계 강화에도 집중했다.

팀장 2년차 때 일이다. 팀원 중에는 업무 경험과 지식, 그리고 열의도 높은 후배 직원이 있었다. 이 후배 직원에 대한 평가는 극과 극이었다. '일 하나는 잘한다'와 같은 긍정적인 면과 함께 '소통에 문제가 있고 믿을 만하지 못하다' 등의 부정적인 평가도 있었다. 필자는 선택해야만 했다. '믿고 맡길 것인가?', '내가 이끌고 주도할 것인가?'

필자는 믿고 맡기는 것을 선택했다. 그의 긍정적인 평가를 믿기로 했다. 가끔은 그와 터울 없이 그의 속내(승진이나 불만 사항 등)를 들어주기도 하고, 그 내용이 팀장으로서 다소 듣기 거북한 이야기라도 소화하면서 응원의 메시지를 보내려고 노력했다. 필자가 팀장으로 오기 전 그는 한때 팀에서 배척되었다고 한다. 그런 이유로 공식적인 업무 정도만을 수행했다고 한다. 경우에 따라 회의 불참, 팀장이나 팀원 간의 고성 등도 있었다고 한다. 필자는 그에 대한 여러 평가에 대해 불편했지만 편견이나 선입견을 갖지 않으려 노력했던 기억이 있다.

사례 2: 'S3(지원적 리더십)'으로 팀원을 이끌다

2년간의 영업부서 팀장 역할을 수행한 후 필자의 친정이라고 할 수 있는 교육팀장으로 부임하였다. 교육팀의 팀원들은 상품, 판매 스킬, 마인드 교육 등 영업 관련 교육 분야에서만큼은 회사에서 내로라하는 실력자들이었다. 그중 입사 5년 차의 막내 후배가 있었다. 필자가 교육팀 부임 전 그 후배의 상황은 이러했다.

교육업무에 대한 만족도가 낮고 업무 성취감도 없었으며, 게다가 마케팅 부서로의 이동을 희망하기까지 했다. 그의 바람과는 달리 그는 부서 이동 없이 교육팀에 잔류하게 되었다. 이런 상황을 알고 있던 필자는 그를 여러 방면으로 지지하고 지원해 주고자 노력했다. 작성한 문서 내용을 꼼꼼히 봐주며 적절한 피드백을 한다거나, 작은 아이디어나 성과에도 칭찬을 아끼지 않았다. 또한 그의 역량계발을 위한 지원(외부교육 수강 등)을 위해 필자가 직접 그 방법과 내용을 찾아 제안도 하며 교육 기회를 확보해 주기도 했다.

다행스럽게도 그 후배는 "요즘은 회사 다닐 맛이 납니다."라는 이야기를 할 정도로 심리 상태가 한층 긍정적으로 바뀌었다.

Chapter.3

Technic(기술)

'구슬이 서 말이라도 꿰어야 보배다.'라는 속담이 있다. 이것을 리더십에 대입하자면 리더십을 발휘할 수 있는 상황(구슬)이 서 말이나 있어도 이것을 꿸 능력이 되지 않는다면 그 상황들은 아무 소용도 없다.

실무자로서 뛰어난 능력을 갖춘 업무 실력자라도 조직을 이끌어야 하는 리더가 되어서는 힘들어하는 경우가 많다. 조직을 이끌 수 있는 기술을 아직 갖추지 못했기 때문이다. 기술이란 인간 생활이 유용하도록 무엇인가를 가공하는 능력을 말한다. 그렇다면 팀장으로서 팀을 잘 이끌어가기 위해 필요한 **Technic(기술)**이란 무엇일까?

여러 가지가 있겠지만 필자가 가장 중요하게 생각하는 것은 바로 **커뮤니케이션 기술**이다. 커뮤니케이션의 목적 중 하나는 **공감**이다. 그리고 공감 능력은 관계 형성에 있어서 핵심 중에 핵심이다. 그렇기 때문에 공감할 줄 아는 커뮤니케이션 기술은 팀을 성공적으로 이끌어갈 수 있는 큰 능력이다.

팀에서의 커뮤니케이션은 1:1, 1:多의 상황에서 이루어진다. 팀장과 팀원들과의 관계는 '밀당(밀고 당김) 관계'라 할 수 있다. 팀장은 이런 밀당 관계에서 우위를 점해야 한다. 그렇기 때문에 전략적으로 커뮤니케이션을 구사할 필요가 있다. 와튼스쿨 조나 버거Jonah Berger 교수는 '부정적인 감정(분노)은 우리의 시선을 사로잡고 관심을 더 끄는 경우가 많다. 그렇기 때문에 뉴스 미디어가 자주 이것을 이용한다고 생각한다.'• 고 했다. 이처럼 팀장의 커뮤니케이션은 팀원들에게 직접적이고 강력한 영향을 준다. 분노를 표현한다든지, 따뜻하게 위로한다든지, 개방적으로 소통한다든지, 유머스럽다든지, 침묵한다든지 하는 다양한 커뮤니케이션 방법들은 저마다의 목적과 장단점이 있다.

팀장으로서 겪게 되는 커뮤니케이션 상황은 코칭, 피드백, 회의, 의사결정, 동기부여, 갈등 상황 등 다양하다. 이렇게 다양한 커뮤니케이션 상황을 성공적으로 리딩하기 위해서는 관련 기술을 익혀야 한다. 용불용설用不用說이라는 사자성어처럼, 자주 사용하는 기관(기능)은 발달하고 그렇지 않은 기관은 퇴화하게 마련이다.

필자는 어느 스피치 공부 모임에서 잊지 못할 경험을 했다. 그 스피치 공부 모임에는 약 10여 명의 사람들이 자발적으로 참여했다. 강사는 참석자들에게 각자의 참석 이유를 말하게 했다. 그중 10년 넘게 약국에서 약을 파는 일을 했다는 분께서 참여하신 이유를 이

• EBS 다큐프라임, 「커뮤니케이션의 힘」, 2016.04.20.

야기했다. 이유는 그가 너무 오랫동안 약국에서 약을 팔 때 쓰는 말만 하다 보니 사람들과 대화하는 방법을 잊었기 때문이라는 것이었다. 충격이었고 왠지 안쓰럽다는 생각마저 들었다. 그가 하루에 하는 말 대부분이 '어서 오세요. 무얼 찾으세요. 3천 원입니다. 안녕히 가세요.'의 끝없는 반복이었다는 것이다. 이렇듯 팀장으로서 갖춰야 할 전략, 태도, 관계 역량마저도 커뮤니케이션 기술이 장착되지 않고서는 훌륭한 결실을 맺기 어려울 것이다.

사례: 소통 기술로 공무원 문화를 바꾸다

일본 요코하마시의 시장 하야시 후미코 시장은 인터뷰에서 이런 말을 했다. "나는 시장이니 내가 하는 말을 들어 주십시오.'라고 지시만 하고 관심이 없고 시민들과 교류하지 않는 그런 시장도 간혹 있습니다. 하지만 저는 역시 그보다는 현장주의자입니다. 커뮤니케이션이지요. 직접 말하는 방법이 가장 좋기 때문에 출장강좌의 형태로 직접 나가는 방식을 많이 이용하고 있습니다. 사람들의 눈에 보이는 것은 단지 정책입니다. 정책은 잘 보이잖아요? 하지만, 그것을 실현해가는 사람들은 한 사람 한 사람의 인간이거든요." 후미코 시장은 시민과의 다양한 소통 방법을 통해 시민의 귀에 귀를 기울였고, 이러한 노력은 고착화된 공무원 문화를 변화시키면서 시민들의 문제를 해결하는 데 결정적인 역할을 했다. 한 사람의 커뮤니케이션 노력이 도시 전체를 바꾼 사례라 할 수 있다.•

• 위의 다큐.

Chapter.4

Attitude(태도)

태도란 어떤 일이나 상황 따위를 대하는 마음가짐이나 그 마음가짐에서 드러나는 자세(모습)이다. 한 사람의 태도는 본인뿐 아니라 타인에게 큰 영향을 미친다. 그렇기 때문에 **팀장의 일상적인 태도는 팀원들에게 어떠한 형태로든 영향을 준다.** 태도는 대부분 개인의 과거 기억을 기반으로 하여 나타나지만, 또한 현재의 여러 상황에 따르기도 한다. 분명한 것은 긍정적 정서를 가진 사람과 부정적 정서를 가진 사람의 태도에는 확실한 차이가 있다는 것이다. 행동이 올바르려면 생각이 올바르게 되어야 하는 이치와 같다. 정서란 인간이 가지는 일시적, 또는 장기적인 감정을 의미하고, 이러한 정서는 태도로 연결된다.

누구나 한번쯤은 상대의 태도 때문에 아픈 경험이 있을 것이다. 심리학자 웨이스Weiss는 '일터는 감정처리를 포함한 인간의 복잡하고 다양한 처리과정이 매일 반복되는 공간이다. 일터에서 사람들은 죄책감, 분노, 기쁨, 불안을 느낀다. 일터에서 일어나는 사건들은 종업원의 감정에 큰 영향을 미친다.'[*]고 했다. 특히, **리더의 태도는 조직(팀)뿐만 아니라 개인의 감정까지 점령하는 힘이 있다.** 드라마 「미생」에서도 장그래의 입사 동기인 한석율이 그의 팀장뿐 아니라 선배 사원의 부정적 태도로 인해 그만의 밝고 명랑한 모습을 잃고 사표까지 고심하기까지 하는 장면은 한 사람의 태도가 타인에게 어떤 영향을 미치는지 잘 보여주고 있다.

'라떼는 말이야.'라는 말을 우습게 생각해서는 안 된다. 왜냐하면 과거 중심적이기 때문이다. 과거가 있기 때문에 현재와 미래가 있다는 고리타분한 말은 여기서 제외하도록 하자. 요즘 시대를 'VUCA 시대'라고 한다. 이것은 작금의 상황을 '변동적Volatile이고 불확실Uncertain하고 복잡Complex하며 모호Ambiguous한 상황'으로 정의한 것이다. 이것의 요점은 VUCA 상황에서는 즉각적이고 유동적인 대응 태세가 요구되며, 기존의 지식과 경험에서 탈피해 새로운 돌파구를 찾아야 한다는 것이다. '라떼'에는 분명 지식, 경험, 연륜 등의 장점도 있다. 영국 BBC 방송은 자사 페이스북에 'kkondae'를 소개하며 '자신이 항상 옳다고 믿는 나이 많은 사람(다른 사람은 늘 잘못됐다고 여김)'이라 풀이한 글을 올린 바 있다. 꼰대가 보이는 태도는 다음과 같은 것들이다.

• Paul M. Mukchinsky, Satoris S. Culbertson, 유태용 역, 《산업 및 조직심리학》, 2021, 시그마프레스, 376P.

첫째, **'답정너'**이다. '답은 정해져 있고 너는 대답만 하면 돼'라는 뜻이다. 이들은 충분히 검토되지 않은 채 과거의 경험이나 지식, 또는 정치적 이유로 '답'을 정해 놓는 것을 말한다. 이들에게는 팀원의 의견 따위는 들을 생각을 하지 않고 고압적인 경우가 많다. 이들에게서는 팀원들의 창의적인 생각을 받아들이려고 하는 모습을 찾아보기 어렵다. 드라마 「미생」의 마부장이 그렇다. 불량한 가부장적인 사고방식의 소유자다.

둘째, **까다롭다.** 세심함, 꼼꼼함, 정확함과는 결이 다르다. 까다로움은 상황에 대한 불안, 상대에 대한 불신, 교만, 형식적, 자기중심적, 집착 등과 같은 부정적인 태도에 기인한다. 기대에 벗어나는 사소한 어떤 것도 용납하지 못한다.

셋째, **자기연민**에 빠져 있다. 연민이란 다른 사람의 처지를 불쌍히 여기는 마음, 상대의 슬픔을 견디기 힘들어하는 감정이다. 그런데 안타깝게도 그 연민의 대상이 자신일 때는 부작용이 생긴다. 자기연민은 자신을 불쌍히 여기고 사랑받고 위로 받을 대상이 자신이 됨으로써 잘못된 길로 들어서게 한다. 자기 연민은 병든 자아에서 나온다. 자기연민에 빠진 사람들은 자신의 잘못을 인정하지 않을 뿐만 아니라 잘못을 타인에게 돌리는 경향이 있다. '잘못은 나한테 있는 게 아니라 팀원에게 있다.'라는 식이다. 자기연민에 빠지면 자기 합리화나 남의 탓을 하며 화살을 주변으로 돌린다. 이런 태도는 용감하지도 모범적이지도 않다.

넷째, **방만하다.** 여기서 말하는 방만함은 팀장으로서 맺고 끊는 것이 없고, 불분명한 태도를 의미한다. 팀장으로서의 책임감이나 의사결정력이 부족해서 팀의 조직력을 갉아먹는 경우가 그렇다. 이래도 '흥!' 저래도 '흥!' 이라는 태도를 취할 경우 팀원들은 자신의 업무에 집중할 수 없게 되고 팀장을 속이는 일까지도 발생할 수 있다.

Chapter.5

Relation(관계)

사람들 간의 **관계**는 일방적일 수 없다. 사람은 빚지고는 못 산다고 한다. 태생적으로 또는 사회 속성상 거부할 수 없는 현상이다. 사람은 누군가와 반드시 거래하게 되어 있다. 그리고 그 거래는 관계를 의미하기도 한다. 모든 세상살이가 그렇듯 직장 내 인간관계도 의도가 어떻든 관계는 **거래 관계**로 이어진다. '인간관계 = 거래 관계'. 이는 동서양을 막론한다. 좋은 관계를 맺기 위해 사람들은 많은 노력을 하고, 그 노력은 미래의 어떤 상황에서 득이 될 거라는 기대를 하는 것은 당연한 일일 것이다.

여기서 주목할 만한 것은 자신의 목적을 위해 계획적으로 관계를 맺는 경우보다 특별한 목적이나 의도가 없는 순수한 관계를 쌓는 것이 어떤 거래상황이 발생했을 때 훨씬 더 강력한 힘을 발휘한다는 것이다. 그럼에도 불구하고 의도가 있든 없든, 또는 순수성이 있든 없든 관계성이 거래 성공 여부에 큰 기준점이 되는 것은 누구도 부인할 수 없다. 《설득의 심리학》에서 로버트 치알디니는 '상호성의 법칙'을 제1장에서 소개하고 있다. **거래적 리더십**Transactional Leadership이론도 구성원들에 대한 보상이나 처벌을 이용해 리더가 기대하는 목표나 성과를 달성하려 한다고 한다. 한마디로 **Give & Take**이다.

드라마 「미생」에서 오상식 팀장은 탐탁지 않은 상사의 업무지시에 대해 지시사항을 수행할지 말지에 대해 고민한다. 결국 오상식 팀장은 2년 계약직인 장그래를 정규직으로 전환시킬 수 있는 기회로 판단하여 탐탁지 않은 업무지시를 수행하기로 한다. 오상식 팀장으로서는 상사의 요구를 들어주고, 자신은 팀원의 신분 전환이란 이득을 챙기려는 셈이다.

조직 내에서 관계란 것은 정치적 행동과도 연관이 있다. 어느 조직의 구성원이든 조직 내 정치적 행동이 올바른 것인지 아니면 비열하고 못할 일인지에 대해 갈팡질팡한다. 조직 내에서 '정치적이다'라는 것은 조직의 구성원이 승진과 같은 이익을 위해 자신의 다양한 힘(권한, 지식이나 기술의 전문성 등)을 이용한 의도적인 일련의 행위이다. '정치적'이란 말은 조작, 강요, 기만, 역모와 같은 것을 포함한 어둡고 불건전한 측면의 것으로 인식되어 있다. 그렇기 때문에 '정치적'이란 것에 대해서 부정적인 인식을 갖고 있는 경우가 많다. 하지만 정치는 거래라는 말이 있듯이 인간관계가 어느 정도의 거래관계를 가지고 있기 때문에 조직 내 관계는 정치라 해도 무방할 듯하다.

직장 내 인간관계에서 올바른 관계를 만들기 위해서는 많은 노력을 해야 한다. 예를 들면, 사소한 약속 지키기, 뒷담화하지 않기, 잘 어울리기, 협조적이기, 솔선수범하기, 명랑함, 사교성 등 다양하다. 이러한 평상시의 다양한 노력들은 직장 내 관계 형성에 많은 힘이 되어준다.

한편, 주변 사람들에게 환영받지 못하는 관계를 만드는 사람들은 어떤 모습일까? 아마도 이러한 사람들은 주변인들과 원활한 관계를 맺기 어려울 뿐 아니라, 이로 인한 불이익은 계속될 것이다. 걱정이 많은 사람(표정과 말투가 불편하게 느껴진다), 화를 자주 내고 화풀이를 하는 사람(공포심을 갖게 한다), 무기력한 사람(에너지를 빼앗긴다), 한계를 정하는 사람(일할 의미나 동기를 얻지 못한다), 변화에 둔감한 사람(같이 하면 실패하게 된다), 비관적이고 부정적인 사람(한마디라도 그와 엮이고 싶지 않다), 고마움을 쉽게 잊는 사람(염치없는 사람과는 상종하기 싫다), 우물쭈물하고 우울한 사람(함께 성과를 내기가 어렵다), 고집이 센 사람(나의 시간을 낭비하게 된다), 거짓말을 하는 사람(함께 해서는 절대 안 되는 사람이다), 말이 너무 많은 사람(피곤한 스타일이다), 정치적인 사람(언젠가 나도 이용당할 수 있다) 등의 사람들은 분명 환영받지 못한다. 조직 내에서 건전한 관계를 원한다면 이러한 부정적인 성향들은 반드시 개선되어야 한다.

Chapter.6

팀장의 미션, 비전, 핵심가치

'위하여! 파이팅!' 어디서 많이 들어보던 구호 아닌가. 퇴근 후 하루의 피곤을 씻기 위해 직장 동료 선후배가 삼삼오오 모여 소주 한 잔 기울이며 하던 건배 구호의 마지막 외침 소리다. 마치 결혼 주례사처럼 '기쁠 때나 슬플 때나 힘들 때나 언제 어떤 경우라도 함께 헤쳐 나가자'는 약속이라도 하듯 그렇게 외친다. 회사라는 조직생활은 그렇게 켜켜이 쌓여 간다.

이런 세월 속에 매년 기업의 연말은 무성한 인사발령 소문으로 업무 분위기가 어수선하다. 누가 승진할지, 누가 어느 부서의 관리자로 발령 날지 등으로 흡연 장소나 저녁 술자리는 떠들썩하다. 회사도 팀장이라는 조직의 리더급을 승진시키거나 배치시키는데 올바른 판단을 하기 위해 엄청난 공을 들인다. 그렇기 때문에 조직의 리더가 된다는 것은 업무능력이나 경력, 태도 등 여러 측면에서 인정받았다는 의미이면서 향후 더 높은 자리로 성장할 수 있는 기회를 얻은 것이라 할 수 있다.

'당신은 리더로서 적격하다고 생각합니까?', '회사가 올바른 선택을 한 인사라고 확신할 수 있습니까?'라는 질문을 받는다면 선뜻 답하기란 쉽지 않을 것이다. '성을 빼앗기는 어렵지만 지키는 것도 어렵다'는 이야기처럼 리더가 되기도 어렵지만, 그 자리를 지키고 더 높이 가기란 훨씬 더 어려운 일임에 틀림없다. 이토록 어려운 자리를 꿋꿋이 지켜내며 조직을 성장시켜온 그들 한 사람 한 사람은 분명 '영웅적 모습'을 가지고 있다. 위로는 눌리고 아래로는 치받치는 상황 속에서 마치 외줄을 타듯, 소주 몇 잔에 비틀거리듯 아슬아슬하게 자신의 길을 가는 조직의 중간 리더 격인 팀장들은 늘 혼란스럽다. 그래서, 팀장은 탄탄하고 확실한 리더십을 발휘할 힘을 가지고 있어야 한다.

〈링컨 대통령의 게티스버그 연설문〉

지금으로부터 87년 전, 우리 조상들은 자유가 실현됨과 동시에 모든 인간은 천부적으로 평등하다는 원리가 충실하게 지켜지는 새로운 나라를 이 대륙에서 탄생시켰습니다.

우리는 지금 대대적으로 내전 상태에 휩싸인 채, 우리 조상들이 그토록 자유가 실현되길 바라면서, 그토록 소중한 원리가 충실히 지켜지길 원했던 국가가 얼마나 오랫동안 존립할 수 있을지 우려되는 시련을 겪고 있습니다.

오늘 우리는 이 내전으로 인해 격렬한 전투가 벌어졌던 자리에 모였습니다.
우리는 우리나라를 구하려다가 자신의 목숨마저 희생당한 분들에게
마지막 안식처로서 그 싸움터의 일부를 바치고자 합니다.
우리는 너무도 당연하고도 적절한 조치로서 이렇게 하지 않을 수 없습니다.

하지만 한층 더 엄밀한 의미에서 살펴보면,
이 땅을 바치고 봉헌하고 성지로 만드는 존재는 결코 우리가 아닙니다.
우리가 끼어들 여지도 전혀 없이, 전사자든 생존자든 여기서 싸웠던 용감한
분들이
이미 이 곳을 성스러운 곳으로 탈바꿈시켰습니다.

세상 사람들은 우리가 여기서 하는 말에 대해 그다지 주목하지도 않을뿐더러
오랫동안 기억하지도 못하겠지만, 그분들이 여기서 이루어 냈던 업적만큼은
결코 잊지 못할 것입니다.

이제 우리는 살아남은 자로서 이곳에서 싸웠던 그분들이
그토록 애타게 이루고자 염원했던 미완의 과업을 달성하기 위해 마땅히 헌신
해야 합니다.
우리는 명예롭게 죽어 간 분들이 마지막 신명을 다해 이루고자 했던
대의에 더욱더 헌신할 수 있는 커다란 힘을 그분들로부터 얻고,

그분들의 죽음은 결코 헛되이 하지 않겠다고 다시 한 번 굳게 다짐함으로써, 우리는 이제 우리 앞에 미완으로 남아 있는 위대한 과업을 달성하기 위해 헌신할 수 있습니다.

우리가 그처럼 헌신적인 노력을 기울일 때, 하느님의 가호 속에서 우리나라는 새롭게 보장된 자유를 누릴 수 있고, 우리나라는 국민의 정부이면서, 국민에 의한 정부이면서, 국민을 위한 정부로서 결코 지구상에서 사라지지 않을 것입니다.

1863년 11월 19일 링컨 대통령의 게티스버그 연설은 2분 정도의 짧은 연설임에도 미국의 건국 정신을 지키기 위해 전사한 병사들의 뜻을 잇고 살아남은 자들이 민주주의 이념을 지켜 나가자는 강력한 메시지를 남기며 위대한 연설로 남았다. 자유와 평등의 가치를 지키기 위한 희생과 시련의 역사, 이것을 이어서 지켜야만 하는 살아남은 자신들의 미션이 무엇인지를 명확히 하고 있다. 대통령의 메시지는 국민들에게 희망과 방향을 알려준다.

팀장의 메시지도 마찬가지다. 그런 의미에서 앞서 제시한 팀의 미션, 비전, 핵심가치와 같이 팀장으로서의 미션, 비전, 핵심가치를 생각해보고, 자신과 팀에게 희망과 방향을 제시할 수 있는 메시지를 만들어 볼 것을 제안한다.

실습: 팀장 개인의 미션, 비전, 핵심가치 작성

1. 팀장의 미션

- 회사가 나에게 요구하는 팀장으로서의 미션

- 팀 내에서 팀장으로서의 나의 미션

- 내가 생각하는 팀장으로서의 나의 미션

2. 팀장의 비전

- 회사가 나에게 제시하는 팀장으로서의 비전

- 팀 내에서 팀장으로서 내가 이루고자 하는 비전

- 내가 생각하는 팀장으로서의 나의 비전

3. 팀장으로서의 핵심가치

- 회사가 나에게 요구하는 팀장으로서의 핵심가치

- 팀이 나에게 요구하는 팀장으로서의 핵심가치

- 내가 생각하는 팀장으로서의 나의 핵심가치

팀장이 팀에게 보내고 싶은 메시지

Chapter.7

'꽃'이라 불린 팀장

시인 김춘수의 '꽃'이라는 시를 인용해서 팀장과 팀원 간의 간절한 서로의 마음을 상상해 본다.

팀장

━━━

팀원이 나의 이름을 불러 주기 전에는

나는 다만

하나의 몸짓에 지나지 않았다.

팀원이 나의 이름을 불러주었을 때,

나는 팀원에게로 와서

꽃이 되었다.

팀장인 내가 팀원의 이름을 불러준 것처럼

나의 이 빛깔과 향기에 알맞은

누가 나의 이름을 불러다오.

팀원에게로 가서 나도

팀원의 꽃이 되고 싶다.

우리들은 모두

무엇이 되고 싶다.

팀원은 팀장에게 팀장은 팀원에게

잊혀지지 않는 하나의 의미가 되고 싶다.

Role 1:
변화 주도자
(Change Agent)

Part Ⅲ

진보란 변화 없이는 불가능하며,
마음을 바꾸지 못하는 사람들은 아무것도 바꾸지 못한다.

– 조지 버나드 쇼*George Bernard Shaw*

Chapter.1

변화 주도자의
역할과 행동 특성

기업은 지속가능한 경영을 위해 가능한 모든 수단을 이용하여 변화를 지속적으로 촉구한다. '강한 자가 마지막까지 남는 것이 아니라, 마지막까지 남는 자가 강한 것이다.'라는 말이 있다. 그런 면에서 적응을 위한 변화는 생존과 직결되고, 그것은 강한 힘을 갖는다. 정글의 법칙은 약육강식弱肉強食이다. 그러나 영원한 강자는 없다는 말처럼 약자라 하더라도 약자 나름대로 생존할 방법을 찾아 정글의 법칙에 적응하며 살아간다.

변화는 적자생존適者生存의 개념으로 **진화**Evolution를 의미한다. 기업 환경은 정글 생태계와 같다. 살아남기 위해서는 변화해야 하고, 변화를 통해 새로운 환경을 만들거나 적응한다는 것은 이전의 레벨에서 한 단계 진화했다는 것을 의미한다. 기술의 발달, 노동 환경의 변화, 근로에 대한 의식 변화 등은 기업 입장에서 변화를 모색해야 하는 이유가 되었다. 이렇듯 기업들이 비즈니스 환경에 적응하기 위한 노력은 하위 조직 단위에까지도 전달Cascading되고 있기 때문에 팀 단위에서도 **변화에 민감해야 한다.** "내부의 변화 속도는 외부의 변화 속도보다 빨라야 한다. 그렇지 않으면 페달을 거꾸로 밟고 있는 것이다."(마틴, Martins)* 라는 말은 변화라는 것이 어떤 의미인지를 너무도 선명하게 설명해 준다.

우리가 다이어트나 금연이란 말을 입에 달고 살 듯 조직은 '변화'를 입에 달고 산다. 간절하지만 다이어트나 금연을 성공하기 어려운 것처럼 변화 또한 여러 장애를 극복해야 성공할 수 있다. 변화를 주저하는 것은 마치 주말에 넋 놓고 휴식을 취하고 있는 남편에게 부인이 "여보, 소파에 늘어져 있지만 말고 청소라도 좀 해"라고 말해도 소파에 앉아 과자 부스러기나 흘려가며 튀어나온 배를 어루만지면서 흐리멍텅한 눈으로 텔레비전을 바라보는 게으른 남편의 모습과 같다. "어제와 같은 행동을 하면서 다른 결과를 기대하는 것은 바보짓이다."라는 아인슈타인의 말을 새겨들을 필요가 있다.

팀장은 **Change Agent(변화 주도자)**로서 변화 과정을 리드하고 관리하는 역할을 해야 한다. 변화란 현재의 상태에서 보다 진전되고 바람직한 상태로의 발전을 의미한다. 한마디로 팀이 추구하는 방향으로 팀을 정렬Alignment시키는 것이다. 팀장이 이 역할을 훌륭히 수행하기 위해서는 무엇보다 팀장의 변화에 대한 주도적이고 솔선

• Paul M. Mukchinsky, Satoris S. Culbertson, 유태용 역, 《산업 및 조직심리학》, 2021, 시그마프레스, 329P.

수범하는 자세가 전제 되어야 한다. 이러한 전제를 기초로 팀장은 다음과 같은 질문을 자문한다거나 팀원들과 소통할 필요가 있다.

첫째, **'지금 우리에게 무슨 일이 일어나고 있는가?'**이다. 이 질문은 변화의 시작점이 되는 '현재 상태'를 파악할 수 있게 한다. 둘째, **'지금의 상황이 계속될 경우 예상되는 결과는 어떠한가?'**이다. 이 질문은 현 상황이 계속 유지될 경우 긍정적인 면과 부정적인 면을 파악할 수 있다. 셋째, **'어떤 변화가 필요한가?'**이다. 이 질문은 변화의 대상이 무엇인지를 인식하게 하고, 변화된 모습이 어떠해야 하는지도 인식할 수 있게 한다. 넷째, **'변화를 위해 어떻게 해야 하는가?'**이다. 이 질문은 변화 방법을 도출할 수 있게 하고 변화의 성공확률을 높일 수 있다. 다섯째, **'변화된 모습을 어떻게 내재화할 것인가?'**이다. 이것은 변화의 궁극적 목적이 되는 질문이다.

성공적인 변화의 내재화는 건전하고 생기 넘치는 팀 문화를 만들 수 있고, 이러한 성공 경험은 또 다른 변화를 위한 시도의 발판이 된다. 다음의 질문에 O/X로 답하여 본인이 변화 주도자로서 어느 정도의 마인드를 가지고 있는지 체크해 보자.

Check-list: 나는 '변화 주도자'인가?

- 나의 업무방식은 항상 옳다고 생각한다. ☐
- 지금의 자리는 나를 안전하게 지켜줄 것이라 생각한다. ☐
- 변화는 성공확률보다 실패확률이 높다고 생각한다. ☐

- 우리 팀원 각자는 완벽하다고 생각한다. ☐
- 우리 팀의 위상은 절대로 잃지 않을 것이다. ☐
- 우리 팀은 변화에 민감하게 대처할 일이 별로 없다. ☐
- 우리 회사는 어떠한 경우에도 안전하게 성장할 것이다. ☐
- 모든 변화는 위로부터의 요구나 지시로 시작되어야 한다. ☐
- 변화는 문제가 발생했을 때 해도 늦지 않다. ☐
- 나의 팀원은 변화를 좋아하지 않는다. ☐

답이 X가 많을 경우 변화 주도자로서의 마인드는 어느 정도 갖추었다고 할 수 있다. 결론적으로 변화를 추진하고 관리해야 하는 리더는 변화에 대한 뚜렷한 목적과 이에 대한 확신에 찬 태도, 창의적 발상과 유연성, 결단력 등을 겸비하고 무엇보다 자기관리와 성실한 자세를 갖출 때 실패하는 변화보다 성공하는 변화를 이끌 확률을 더욱 높일 수 있다.

변화를 추진한다는 것은 팀원들이 변화 콘셉트와 필요성을 알게 하고, 공감된 내용을 실천할 수 있도록 장(場)을 만들어 주고, 실천 의지를 갖고 실행하는 것이다. 이러한 과정을 성공적으로 추진하기 위해서 변화 주도자는 다음과 같은 행동 특성을 보여야 한다.

첫째, 팀장 스스로가 **변화 모델(모범)**이 되는 것이다. 평상시 팀장으로서 솔선수범하는 모습이나 팀의 성장 발전을 위한 진정성 있는 노력을 지속하는 것이다.

둘째, 업무 내용의 경중을 떠나 **팀원들을 참여**시킴으로써 팀원이 존재감을 느끼게 한다. 이런 느낌을 가진 팀원들은 변화 활동에 참여하는 것에 대한 거부감을 최소화시킬 수 있다.

셋째, **민주적인 열린 토론(회의)문화와 연구, 학습하는 팀 문화를 구축**한다.

넷째, 팀원의 건의나 의견에 대한 **피드백을 성실히 이행**한다. 이는 팀원의 소리에 팀장이 귀를 기울이고 있고, 자신들을 존중하려 한다는 느낌을 갖게 함으로써 팀원들과의 신뢰 관계 형성에 큰 힘이 된다.

다섯째, 변화 과정에서 나타나는 **사소한 성과라도 적극 홍보하고 칭찬**한다. 이 행동은 팀원으로 하여금 성취감을 느끼게 함으로써 창의적이고 자발적 행동을 더욱 촉진시킨다.

여섯째, 변화 과정에서 발생하는 다양한 문제점이나 장애 요소들에 대해 팀장으로서 **책임감을 가지고 끝까지 해결**하는 노력을 한다. 이 과정을 실패하게 되면 팀원들은 좌절감을 느끼고 변화 동력을 상실하게 된다.

일곱째, **성과에 대한 결실은 팀원에게 돌림**으로써 변화의 주인공은 팀원임을 인식하게 한다. 팀장은 숨은 그림자처럼 팀원들을 더욱 빛나게 하는 조연 역할을 한다.

Chapter.2

지금 우리에게 무슨 일이 일어나고 있는가?

「코치 카터Coach Carter」라는 실제 인물을 배경으로 한 영화가 있다. 70년대에 리치몬드 고교 농구팀의 스타였던 켄 카터(사무엘 잭슨 분)가 모교인 리치몬드 농구팀의 코치로 부임하면서 망나니 농구팀이 성공적으로 변화되어가는 모습을 그린 영화이다. 리치몬드는 주로 가난한 흑인들이 거주하였고 흑인 아이들은 대부분 학업을 중도에 포기하고 어긋난 실패 인생을 살아가는 것이 그들의 현실이었다. 카터 코치는 망설였지만 그래도 코치를 수락한 이상 그들을 성공시키겠다는 의지를 강하게 먹고 자신만의 리더십으로 그들을 이끌었다.

패배가 익숙했던 선수들은 팀워크는 물론 개인마다 부정적인 태도를 가지고 있었다. 더욱이 그들의 부모는 그들이 대학을 가거나 멋진 프로선수가 되기를 바라지도 않았다. 그저 사고 없이 고등학교나 졸업하면 된다는 식이었다. 그런 그들에게 코치 카터는 불편한 그 무엇이었다.

그런 가운데 코치 카터는 두 가지 목표를 가지고 그들에게 변화를 요구했다. 하나는 4년째 최하위 팀에 머물고 있는 농구부가 과거의 영광을 되찾는 것이었고, 다른 하나는 고등학교 졸업 후 자살이나 감옥에 갈 확률이 매우 높은 그들의 미래가 더 나은 삶이 될 수 있도록 농구뿐 아니라 공부 성적도 올리게 하여 대학에 진학시키는 것이었다. 이 두 가지 목표를 위해 그는 자신이 생각하는 변화 목표점을 향해 강력하게 팀을 이끌었고 결국에는 성공했다. 만약, 리더인 코치 카터가 현재 상황의 심각성을 깨닫지 못했거나, 깨달았다 해도 변화시키고자 하는 강력한 의지가 없었다면 변화 과정에서의 힘겨움을 극복하지 못했을 것이다.

이렇듯 변화 주도자는 어떤 상황에서도 추구하고자 하는 가치나 행동에 본보기가 되어야 한다. 특히, 부정적 상황은 반드시 변화를 필요로 한다. 그런 의미에서 팀장은 부정적인 상황을 당장 끊어내야 한다. 조직 내 팀들은 업무 특성에 따라 분위기 차이가 분명하지만 그럼에도 부정적인 상황들은 다음과 같이 공통적인 현상을 보이곤 한다.

첫째, **무기력함**이다. 반복된 실패 경험으로 충분히 극복할 수 있는 상황에서조차 불가능하다고 포기해 버리는 심리 상태를 '학습된 무기력'이라고 한다. '학습된 무기력'은 제약된 공간에서 전기충격으로 인해 무기력해진 개가 제약되지 않은 공간에서 조차 도망칠 의지를 갖지 못한다는 실험 결과이다. 업무 성과를 못 내는 조직도 그렇지만, 성과는 있음에도 팀 분위기를 저해하는 좋지 않은 사건 사고가 발생한 조직은 무기력증에 빠지기 쉽다. 어떤 일을 해도 흥이 나질 않으니 창의적이고 적극적인 업무 분위기를 만들어 낼 수 없다. '어차피 해도 안 돼.', '우리 팀은 찍혔어.', '우리 팀 업무는 회사가 관심 없어 해.' 등과 같은 패배적 무기력 현상이 있을 수 있다.

둘째, **안이함**이다. '좋은 게 좋은 거야.', '이 정도면 충분해.', '더 이상 할 만한 게 없어.', '괜한 일 벌이지 말자.', '어차피 표시도 나지 않는 일을 뭐하려고.' 등과 같이 상황을 너무 쉽게 판단하는 경우이다. '삶은 개구리 증후군'이 그렇다. 우리에게 최악의 상황은 우리가 위험한 상황에 부닥치는 것이 아니라 위험한 상황에 닥쳤을 때 스스로를 구할 능력이 없다는 것이다. 계속되는 안이한 상황 판단은 서서히 팀을 무능력하고 무기력하게 만든다. 이런 현상은 정보, 지식 등의 인지 능력의 부족, 작은 성공 경험에 안주하려는 마음, 고객중심의 의식부족, 업무 집중력 부족, 성취감에 대한 간절함 부족 등이 원인일 수 있다.

셋째, **꼰대문화**다. 경험이 많은 선배들은 존경받아 마땅하다. 그렇다고 그것을 강요하거나 분위기를 그렇게 만들어 가면 후배 직원들은 쉽게 지치고 팀 분위기는 경직된다. 심리학자인 스탠리 밀그램Stanley Milgram이 권위자의 힘이 얼마나 상대에게 영향을 주는지를 실험했다.* 실험의 개요는 다음과 같다.

실험 목적	권위 있는 사람의 불합리한 지시에 사람들은 어떻게 행동하는가?
실험 참여자	ⓐ 실험 지시자(실제 권위가 있는 과학자) ⓑ 전기 충격을 가하는 자(실험 대상자로서 실험에 지원한 일반인) ⓒ 전기충격을 받는 자 * ⓐ와 ⓒ는 실험 내용을 이미 알고 있고, ⓒ는 고통을 거짓으로 연기하는 실험 보조자
실험 방법	ⓐ가 ⓒ에게 퀴즈를 내서 ⓒ가 정답을 맞히지 못할 때마다 ⓑ는 점점 센 강도로 ⓒ에게 전기충격을 가한다. 실제로 전기 충격은 가해지지 않지만 전기충격을 가하고 있는 ⓑ는 전기 충격이 실제로 가해지고 있다고 믿고 있다.
실험 조건	ⓑ가 ⓐ의 지시에 따르는 만큼 소정의 돈(실험 참가비)을 실제로 받을 수 있고, 거절하면 실험은 거기서 멈추고 더 이상 돈도 받을 수 없다.
실험 결과	ⓐ와 ⓑ는 특별한 상하관계가 아님에도 불구하고 사람들이 권위자에게 얼마나 쉽게 복종하는지를 보여주었다. 놀랍게도 실험 참가자 100명 중 65명이나 되는 사람이 ⓐ의 전기충격으로 죽을 수도 있는 무리한 지시에도 복종하였다. 이렇듯 권위나 서열을 강조하는 조직은 복종적이고 수동적으로 변한다는 것을 확인할 수 있는 실험이었다.

넷째, **소통의 부재**다. 망하는 조직의 특징 중에서 빠지지 않고 제일 먼저 등장하는 것이 소통 문제다. 소통을 신체에 비유하자면 혈관이다. 혈관이 막히면 바로 사망이다. 소통이 원만하지 않다는 것은 개인 차원이나 팀 차원에서 모두 매우 위험한 신호다. 팀 내에서의 팀원 간 소통이 원만하지 않다는 것은 팀장은 물론이고 팀원 모두에게 엄청난 스트레스 원인이 된다. 이 스트레스로 인해 팀원들은 주변인에 대하여 점점 부정적 감정이나 편견에 사로잡히게 되

• 장원청(張文成), 김혜림 역, 《심리학을 만나 행복해졌다》, 2017, 미디어숲, 197~200p.

고, 서로가 소속감을 느끼지 못하게 된다. 팀 차원에서는 업무성과를 기대하기 어려울 뿐 아니라, 팀 내 패거리 분위기를 만들기도 하여 팀 분열은 자명한 일이다.

'헤라클레스 효과'란 것이 있다. 헤라클레스가 길을 가다가 하나의 자루를 발견하고 한번 밟았는데 자루가 2배로 커졌다. 다시 밟으니 더 커지고 나중에는 너무 밟아서 아예 길을 막을 만큼 커졌다. 그가 밟은 자루 안에 있는 것은 분노였다. 소통의 부재가 이와 같다. 팀원 간의 소통이 단절되면 적개심, 분노, 일탈, 오해, 비방과 같은 부정적 행동이나 생각은 점점 더 커지게 된다.

다섯째, **일을 통한 성장의 즐거움 부재**다. 똑같은 일이라도 그것을 지시하는 팀장이나 수행해야 하는 팀원의 태도에 따라 성과가 달라진다. 개인적으로는 일을 통해서 배운다는 즐거움을 느끼고 팀 차원에서는 학습하는 문화(분위기)가 만들어진다면 팀은 발전적으로 운영될 수 있다. 사실 업무적으로 새로운 도전에 대한 팀원의 현실적인 느낌은 긴장감, 부담감, 피곤함 등으로 여겨지는 경우가 대부분이다. 그렇다 보니 일을 통한 성장의 즐거움을 느끼기는 쉽지 않다.

그럼에도 조직이 성장하기 위해서는 조직원들이 즐겁게 일을 할 수 있는 분위기와 동기를 적절히 부여함으로써 일이 나를 피곤하게 하는 것이 아니라 성장시키는 동력이라고 느낄 수 있어야 한다. 사람은 자신의 비전을 명확히 하게 되면 비전 달성 과정을 인내하고 즐기게 된다. 그렇기 때문에 팀원이 일을 수행하는 것이 리더의 지시나 통제에 의한 것이 아니라, 자신의 성장에 도움이 된다고 인식하게 하는 것이 중요하다.

여섯째, 팀원으로서의 역할 수행보다 **자기 정치나 업무 외적인 것에 집중**하는 경우이다. 조직 생활을 하다 보면 한두 번쯤은 '저 친구는 회사에 놀러왔나?', '저 사람은 기회주의적이야.'라는 말을 듣거나 해봤을 것이다. 이러한 잘못된 개인적인 성향은 상호 신뢰 관계를 깨뜨리는 원인이 된다. 대부분의 사람이 이기적 편향성을 가지고 있지만 이런 종류의 사람들은 이기적 편향성이 누구보다 강하다. 한마디로 자신에게 유리한 쪽으로만 생각하고 행동한다. 자신이 먼저여야 하고, 자신이 중심이 되어야 하고, 성과는 내 덕분이고, 잘못은 남 탓이다. 이들은 파벌을 만들고 뒷담화를 하는 등 타인의 대한 배려나 염치가 없는 편이다. 정도가 심한 상황이라면 제거가 답일 것이다.

이처럼 변화는 비정상의 정상화이든 good to great를 위한 것이든 '지금 우리에게 무슨 일이 일어나고 있는지'를 인지하는 것으로부터 시작된다. 시인 류시화의 잠언 시집 제목으로도 잘 알려진 《지금 알고 있는 걸 그때도 알았더라면》처럼 우리는 주변을 살피지 못하면 그저 돌진만 하는 경주마가 될 것이다. 뛰어난 운동선수라도 그를 지도하고 돌봐주는 코치가 있듯, 장기판에서 훈수를 두는 사람이 더 장기판을 잘 읽어내듯, 팀장은 '지금 우리에게 무슨 일이 일어나고 있는가?'를 읽어낼 수 있어야 한다. 무엇이 문제인지, 무엇을 변화시켜야 하는지를 알아야 방향과 방법을 찾을 수 있다.

어떻게 변화를 추진할 것인가?

팀장은 팀이 추구하고 지지하는 것이 무엇인지 인지하고, 이를 반영시킨 업무에 몰입하게 해야 한다. 아무리 좋은 아이디어나 업무 결과물이 나와도 조직이 추구하고 지지하지 않는 것이라면 제대로 된 업무성과로 평가받기 어렵다. 팀은 회사가 추구하고 지지하는 것들에 대해 무엇을, 어떻게 해야 좋을지를 판단할 수 있어야 한다. 기업 임원들은 조직의 미래에 대한 걱정을 이만저만하게 하는 것이 아니다. '이대로라면 위험하다', '앞으로 5년 뒤, 10년 뒤를 봐야 한다.', '우리 후배 직원들이 먹고 살 수 있게 해야 한다.' 등 그들이 하는 말을 미루어 짐작하면 회사가 가고자 하는 방향에 맞는 일을 해야 한다.

윈스턴 처칠은 "우리가 구조를 만들지만 후에는 구조가 우리를 만든다."고 했다. 팀은 당장의 성과도 중요하지만 잘 갖추어진 팀 나름의 구조(시스템) 구축을 통해 변화를 이끌어가야 한다. 다만, 변화에 대해 조직은 다음과 같은 몇 가지 원인으로 저항을 하게 된다. 이슈(상황)에 대한 이해 부족, 변화 필요성의 인식 부족, 명확하지 못하고 자신과 관계가 없는 비전(목표, 산출물 등), 부정적인 결과 예상에 따른 회의감, 변화 결과에 대한 부족한 보상에 따른 의욕 저하, 반복된 실패(이번에도 뻔하지)로 인한 성공 불신 등이다. 그렇기 때문에 변화를 위해서는 다음과 같은 프로세스를 밟아가며, 각 단계마다 과도할 정도로 구성원과의 커뮤니케이션을 해야 한다. 그리고 그림과 같이 선명한 방향을 향해 신속(소요시간 B)하게 추진시킨 후 내재화(변화 성과가 C에서 D로 발전)되는 과정을 반복해야 한다.

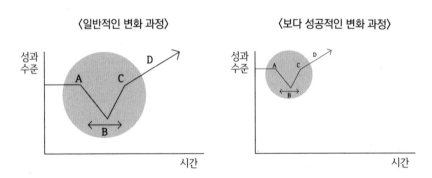

〈일반적인 변화 과정〉　　　　〈보다 성공적인 변화 과정〉

A. 변화 착수 B. 변화 과정 C. 변화 도출 D. 변화 내재화

변화를 추진하는 과정에서는 다음과 같은 5개의 성공요소와 5단계 프로세스를 거친다.•

• 유튜브 '포브 채널POV Channel', 〈조직문화 크리에이터 11편 조직문화 변화관리 POV Creator〉.

① 변화 필요성에 대한 **공감** ⋯ ② 변화된 모습의 **비전 제시** ⋯
③ 추진하고자 하는 **신념 강화** ⋯ ④ 장애를 극복하는 **실행** ⋯
⑤ 달성된 변화의 **내재화**

① 변화 필요성에 대한 **공감**

삼성 고 이건희 회장은 1987년 삼성 회장 취임식에서 "미래지향적이고 도전적인 경영을 통해 삼성을 세계적인 초일류기업으로 성장시킬 것입니다."라고 삼성의 비전을 제시했지만, 1993년 변화와 혁신의 신경영을 강력히 요구하며 삼성의 위기를 이렇게 말했다. "국제화 시대에 변하지 않으면 이류나 2.5류가 될 것이다. 지금처럼 잘해봐야 1.5류다. 이대로라면 절대 일류가 될 수 없다."

"현재 1993년하고 1983년하고 한번 비교해보란 얘기지. 맨날 밥 먹고 옷 입고 넥타이 매고 있으니 변화를 못 느끼고 있어. 여러분이. 전 세계 일류 기업의 기술력이 어떻게 바뀌어 가고 있고, 경영의 개념 자체가 어떻게 바뀌고 있냐 하는 게, 내 자신이 등허리에 진땀이 바싹바싹 날 정도로 변하고 있는데도, 한국 말에 좋은 말이 있는데, 모르는 게 약이라고 모르니 편안해."

변화 필요성에 대한 공감은 이후 모든 프로세스를 보다 순조롭게 진행시키기 위한 필수 요소이다. 변화는 분명 우리에게 불편한 무엇이다. 그럼에도 불구하고 현재를 탈피하고 새로운 시도를 해야 하는 상황은 여러 사람의 힘을 반드시 필요로 한다. 변화가 성공적이기 위해서는 변화와 관련된 모든 사람들이 변화의 주체가 되어야 한다.

줄탁동시琢啄同時란 병아리가 껍질을 깨뜨리고 나오기 위하여 병아리가 껍질 안에서 쪼고, 어미 닭이 밖에서 쪼아 껍질을 깨뜨리는 것을 도와주는 것을 말한다. 변화를 위해 병아리와 어미 닭이 변화의 주체가 되는 순간이다. 변화의 주체들은 내면에서부터 변화의 필요성을 강하게 인식하고 공감할 때 변화 욕구가 생기게 된다. 이는 마치 구매과정 중 첫 단계인 문제인식 단계와 같다.

돈을 지불할 의지가 생기는 시작점이 바로 욕구이다. 배고픔, 목마름, 멋지게 보이고 싶음 등 다양한 욕구나 필요에서 시작되듯 변화의 공감 단계가 그렇다. 팀 내 누구이든 변화 이슈를 제시한다는 것은 변화할 필요성을 감지했다는 것이다. 그 필요성을 인식하는 시점이 성장과 쇠퇴의 변곡점이다. 이 변곡점에서 팀장은 팀원이 공감할 수 있는 다양한 정보(사내외 이슈나 요구사항 등)를 수집하고, 변하지 않을 경우 겪게 될 위기 사항들을 공유하여 공감을 끌어내야 한다. 어떤 일이 일어나고 있는지, 대내외적으로 팀에게 요구하는 것은 무엇인지, 문제는 무엇인지, 상황이 지속될 경우의 어떤 상황을 경험하게 될지 등에 대해 충분한 공감을 이끌어낼 수 있어야 한다. 변화에 대한 공감 없이 진행되는 변화에 대해서 구성원들은 방관자적 입장을 취하거나 장애물이 될 수 있다.

② 변화된 모습의 **비전 제시**

고(故) 삼성 이건희 회장은 1993년 신경영 선언*에서 비전에 대

• 유튜브 '자유지성 – Liberal Reason', 〈삼성그룹 故 이건희 회장의 육성으로 듣는 '세계 초일류가 되는 길' (프랑크푸르트 선언, 신경영)〉.

하여 다음과 같은 이야기들을 이어갔다.

"국제화를 안 하고는 1급으로 살아남을 수 없다. 우리도 철저히 국제화되어야 한다."

"앞으로 세상은 디자인이 제일 중요해진다. 개성화로 간다. 자기 개성의 상품화, 디자인화, 인간공학을 개발해서 성능이고 질이고는 이제 생산기술이 다 비슷해진다. 앞으로 개성을 어떻게 하느냐 디자인을 어떻게 하느냐가 승부처이다."

"인류를 위해서, 한국을 위해서, 우리 삼성 그룹 임직원을 위해서, 임직원 가족을 위해서, 임직원 자손을 위해서 영원히 잘 살자 하는 것이다."

변화의 비전은 조직이 나가야 할 방향, 변화되어야 할 대상이나 과제이며, 이것들이 성취되었을 때의 모습을 말한다. 무엇을 이루고자 하는 것인지를 명확히 해야 한다. 고 이건희 회장은 비전으로 '국제화, 일등 디자인, 잘 사는 것' 등으로 비전을 제시했다. 비전은 조직의 미션을 수행하는 동력이자 달성해야 하는 목표가 되고, 이를 실천하는 데 있어서 기준이 되는 핵심가치를 수립할 수 있게 한다. 무엇을 위한 변화인지, 변화했을 때 얻을 수 있는 것이 무엇인지를 알 수 없으면 구성원들은 혼란스러워 한다.

③ 추진하고자 하는 **신념 강화**

고(故) 이건희 회장의 1993년 신경영 선언 중에서 대한민국 사람이라면 다 알만하고, 세계적으로도 유명해진 말이 있다. "극단적으로 얘기해서 마누라와 자식 빼고 다 바꿔봐."이다.

이외에도 다음의 이야기에서도 그의 변화에 대한 갈망과 신념을 엿볼 수 있다.

"회장인 나부터 바뀌어서 내가 잘해서 조직 전체가 바뀌어서, 회사 전체가 바뀌어서, 그룹 전체가 바뀌자."

"개인차는 다 있어. 개인의 개성 다 달라. 강제 하나도 없어. 자율이야 자율. 바뀔 사람만 바뀌어라 이거야. 바꾸고 싶은 사람만 바꿔. 많이 바뀔 사람은 많이 기여하고 적게 바뀔 사람은 적게 기여해. 다 괜찮아. 그러나 남의 뒷다리는 잡지 말라 이거야."

신념이란 '굳게 믿는 마음'이다. 그런 의미에서 조직에서 신념이 중요한 이유는 조직을 한 방향으로 정렬시켜주기 때문이다. 또한, 신념은 행동의 방아쇠Trigger 역할을 한다. 신념 없는 행동은 수동적일 수밖에 없고 성공적이지도 않다. 방아쇠를 당길 때 총알이 발사되듯이 강한 신념은 강한 방아쇠 역할을 하게 된다. 그렇지 않으면 변화 과정에서 맞닥뜨리는 여러 장애나 고난 앞에서 쉽게 포기하게 된다.

④ 장애를 극복하는 **실행**

고 이건희 회장은 다음과 같이 구체적인 실행방안도 제시했다.

"국제화 하는데, 그 나라에 가서, 그 타민족에 가서, 그 민족과 역행하려면 가지 마라. 그 민족과 결합을 해라. 화합을 해라. 동참을 해라. 우리 문화도 상대방에게 소개를 하고 상대방 문화도 우리가 받아들여야 한다."

"내가 무서워한 것은 '무책임, 무관심, 무참여'다."

앞의 3단계까지 오기가 절대 쉬운 일이 아니다. 어렵사리 3단계까지 이끌어 왔다 하여도 정작 실행단계에서 흐지부지되어 버리면 앞의 많은 노력들은 수포로 돌아간다. 실행단계가 성공적으로 진행되려면 작은 변화의 성과라도 빈번하고 폭넓게 공유하고 이를 통해 아직까지 남아있는 변화 저항자들을 무력하게 해야 한다. 이는 변화 실행자들에게 격려와 사기진작이 된다. 실행 성과의 수준과는 별개로 실행 단계가 중요한 이유는 실행 자체를 미리 포기하거나 어설프게 진행된다면 조직원들은 좌절감, 패배감을 느끼게 되고, 이는 또 다른 어떠한 변화 시도에 대해서 부정적으로 인식을 하게 되기 때문이다. 그렇기 때문에 고 이건희 회장도 '무책임, 무관심, 무참여'를 가장 무서워했을 것이다.

⑤ 달성된 변화의 **내재화**

고 이건희 회장은 변화의 내재화를 위해 다음 같이 독려했다.

"실수는 많이 할수록 재산이 된다. 이게 재산이 되면 강한 힘이 된다."

"항상 위기의식을 가져야 된다. 그래서 더 열심히 뛰고 더 사물을 깊게 보고, 멀리 보고 연구를 해야 된다."

하인리히Heinrich의 법칙(1:29:300)은 1건의 대형사고 이전에 29건의 경미한 사고가 발생하고 그 전에 이미 300번이 넘는 이상 징후가 발생하는 현상을 잘 설명해준다. 예를 들면, 대형 교통사고가

났다면 그 이전에 신호위반, 속도위반, 앞지르기와 같은 거친 운전 습관으로 300번 이상의 잘못된 운전과 29번의 경미한 사고가 있었다는 것이다. 변화의 성공도 마찬가지다. 한 번의 성공이 그 끝일 수 없다. 더 웅장한 변화, 더 확실한 변화를 위해서는 작은 변화들이 누적되고 변화를 두려워하지 않는 문화가 내재되어야 변화의 성공을 이어갈 수 있다.

사례: 컨설팅을 통한 변화 추진

필자가 2년간의 영업팀장을 맡았을 때 2년차 팀의 매출 실적이 극히 저조한 때의 일이다. 매출 실적 저조가 지속되자 본부장은 상황의 심각함을 인지하고 원인이 무엇인지, 개선할 방법이 무엇인지 당연히 보고받았다. 본부장은 이런 저런 상황을 검토한 후 영업과 마케팅을 둘러싼 사내 여러 기능의 개선이 필요하다는 판단을 하였다. 당시로는 이례적으로 영업과 마케팅에 한하여 외부컨설팅을 받고 몇 가지 개선 점과 개선 방안을 개선과제로서 운영토록 하였다. 도출된 과제들은 바로 사안에 따라 즉시로 조치된 것도 있었고, 해를 넘겨 연간으로 개선할 수 있도록 조치가 되었다. 이러한 시도는 부하직원들에게 좋은 평가를 받게 되었고 그 변화 시도는 계속 진행되고 있었다.

변화 커뮤니케이션을 위한 팀장의 역할

성공적 변화를 위해서는 **변화 커뮤니케이션 문화(소통하는 분위기)**가 준비되어야 한다. 팀 변화는 팀의 현 상황을 한 단계 발전시키는 계기가 되어야 하고, 나아가 팀원의 업무역량이나 경쟁력을 강화할 수 있어야 한다. 그런 의미에서 활발한 소통은 팀을 유지하는 최대의 무기이며 변화를 이끌어 가는 힘의 원천이 된다. 이럴 때 팀원은 변화 과정을 통해서 좋은 경험 학습으로 받아들이게 된다.

이렇게 변화 과정을 학습 과정으로 인식하게 되면 팀원은 창의적, 성취 지향적, 고객 지향적인 방향으로 태도를 갖춰 간다. 이러한 팀 내 커뮤니케이션은 변화의 모든 과정에서 가장 핵심적인 요소이고, 커뮤니케이션을 통한 성찰은 매우 중요한 기능이다.

1994년 〈하버드 비즈니스 리뷰〉에서 미국의 경영학자인 크리스 아지리스Chris Argyris는 조직 활동에서 성찰의 중요성과 효과를 다음과 같이 이야기했다. "성찰을 위한 개방성은 내면을 반성하고 대화를 통해 자신의 사고에 포함된 편견과 한계, 자신의 사고와 행동이 문제를 야기하는 과정을 명료하게 인식하게끔 한다. 성찰적 개방성을 기르면 이러한 자신의 관점을 무조건 신뢰하기보다 끊임없이 테스트하려는 태도를 지니게 된다. 성찰적 개방성의 특징은 경청과 진정으로 열린 마음이다. 이러한 환경을 만들기 위해서는 스스로를 개방하고 공격에 취약해지는 상황을 감수하려는 자세가 필수적이다. 구성원이 성장하도록 돕고 구성원의 성장에 필요한 신뢰와 상호관계를 구축하는 일에 진심으로 헌신하지 않는 조직 환경에서 성장하는 것은 쉽지 않다." •

이렇듯 팀장은 모든 변화 과정에서 팀이 성찰을 통한 변화 커뮤니케이션을 할 수 있도록 이끌어야 한다. 부족한 소통이나 잘못된 소통은 팀워크를 저해하는 직격탄이다. 이 직격탄은 구성원들을 불안, 불만, 죄책감, 무기력 같은 부정적 심리 상태에 빠지게 만들고, 합리화, 남 탓, 돌출 언행, 사람이나 일에 대한 회피와 주저함 같은 방어기제를 발동하게 한다.

이처럼 변화를 위한 팀원과의 커뮤니케이션은 일관적이고 구체적이고 명료한 메시지를 준비하여 소통할 수 있어야 한다. 팀원을 추궁하거나 탓하거나 책임 전가를 하는 내용으로는 변화에 대한 저항만 키울 뿐이다.

• Peter M. Senge, 강혜정 옮김, 유정식 감수, 《학습하는 조직》, 2016, 에이지 21, 361-362p.

변화를 위한 소통의 예시 상황은 다음과 같이 상상해 볼 수 있다.

'우리 팀은 지금 심각한 상황이다. 실적이 유례없이 저조하고, 조직 확충에도 진전이 전혀 없다. 회사는 팀의 성장을 위해 예산, 인력 등 많은 지원을 하고 있음에도 우리 팀의 모습은 정말 한심하다. 내가 느끼기엔 지난 2년 동안 허송세월을 보낸 것 같다. 전임 팀장의 관리도 부족했을 뿐 아니라 여러분들의 노력도 많이 부족해 보인다. 비전이 보이지 않는다. 극복하기 위한 방법을 도입한다 해도 움직이질 않으니 답답할 따름이다. 지금의 위기를 어떻게 극복할 수 있는지 각자 의견을 말해라.'

이 소통은 위기 상황을 전하고 있지만 **구체적이지 못한 상황 전달, 과거를 탓하는 책임 전가, 비관적인 표현, 강압적인 지시** 등의 소통 방법을 사용하고 있다. 보다 적절한 메시지는 다음과 같다.

'우리 모두 실감하듯이 우리 팀은 지금 매우 어려운 상황에 놓여 있다. 우리 팀 존재의 이유인 영업실적이 전년 대비 32% 하락하였고, 조직은 오히려 전년 대비 124명이 줄었다. 예산, 인력 등에 대한 지원이 만족할 만큼은 아니더라도 우리 팀의 현재는 퇴보냐 새로운 도약이냐 하는 기로에 서 있다. 나는 지난 2년의 노력이 결실을 맺지 못해 매우 안타깝게 생각한다. 전임 팀장뿐 아니라 여러분들의 노력의 결실이 작다는 것은 아쉬운 부분이다. 이러한 상황에서 우리는 앞으로 팀이 다시 도약할 수 있는 비전을 공유하고 비전 달성을 위해 실천해 나가야 한다고 생각한다. 여러분의 의견을 듣고 싶다.'

이 소통은 위기 상황을 전하고 있으며, **사실에 근거한 구체적인**

내용 전달, 팀 미션의 명분 제시, 현상에 대한 안타까움 공감, 비전 공유 노력, 소통 참여 유도 등의 소통 방법을 사용하고 있다.

위에 제시한 두 소통 유형 중 무엇이 옳고 그른지는 중요하지 않다. 상황에 따라 필요한 소통 방법을 취할 수 있다. 다만 팀원들도 팀장만큼 상황을 인식하고 있을 확률이 높은 상황이라면 '나만 문제를 알고 있고, 나 아니면 안 돼'라는 인식이 아닌 구성원을 존중하는 팀장으로서 올바르고 바람직한 변화 커뮤니케이션을 연구하고 실행할 수 있어야 한다.

Role 2: 권능 부여자 (Empower Agent)

Part Ⅳ

스스로를 신뢰하는 사람만이
다른 사람들에게 성실할 수 있다.

– 에릭 프롬Eric Seligmann Fromm

Chapter.1

임파워먼트
(Empowerment)의 효능

　19세기의 1차 산업혁명 이후 21세기 현재 4차 산업혁명 시대에 이르기까지 시대에 따라 다양한 조직 관리 방식이 요구되었다. 산업환경의 변화나 조직의 특성에 따라 다양하게 조명된 조직 관리 방식을 크게 구분한다면 통제와 자율이 아닐까 생각한다. 이런 가운데 많은 기업들이 조직의 경쟁력 확보를 위해서 팀제를 운영하고 있고, 그들에게 권한과 책임을 부여하고 있다.

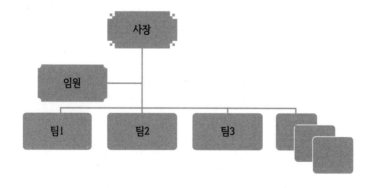

이는 하부조직이 능동적으로 업무에 임하고, 고객 만족을 실현시킴으로써 조직의 성과를 이끌어내기 위한 것이다. 2차 산업혁명 시기였던 20세기 초까지는 통제 중심의 조직문화가 대표적이었다면, 그 이후부터 4차 산업혁명 시대인 현재는 자율 중심의 조직문화가 주류를 이루고 있다. **통제 중심의 조직**은 종속 관계를 바탕으로 하기 때문에 관리자가 일방적으로 지시하고 결정함에 따라 구성원은 수동적, 소극적, 방어적이게 된다. 이에 비하여 **자율 중심의 조직**은 구성원들이 능동적, 적극적, 공격적으로 업무에 임하도록 독려하고 있다.

임파워먼트Empowerment는 통제중심에서 자율중심의 능동적 활동을 유도하는 개념이다. 명확한 목표, 권한, 책임, 지도를 제공해 맡은 일에 주인의식을 갖게 함으로써 팀원의 활력을 불어넣을 수 있다. 임파워먼트에 대한 의미는 크게 두 가지다. 영문사전에 의하면 하나는 'to give power to (someone)'으로 '누군가에게 힘(능력)을 주는 것'이다. 다른 하나는 'to give official authority or legal power to (someone)'으로 '누군가에게 공식적 권한이나 합법적 힘을 주는 것'이다.

일반적으로 임파워먼트라고 하면 '권한위임'으로 인식하는 경우가 많다. 임파워먼트를 '권한위임'이라는 개념으로 보자면 업무상의 권한을 관리자가 구성원에게 부여하는 개념으로 축소 해석될 수 있다. 그러나 임파워먼트의 진정한 의미는 팀원의 능력을 키워주고 또 다른 시너지를 만든다는 점에서 단순한 권한위임과는 또 다른 의미가 있다. 정리하자면 임파워먼트란 **조직 구성원들에게 조직이 요구하는 성과를 도출하기 위해 필요한 업무 수행상의 권한을 부여하거나 구성원의 역량을 강화시키는 과정**이며, 이를 통해 구성원은 조직에 대한 신뢰와 비전을 갖게 된다. 궁극적으로는 **개인과 조직의 역량을 강화하고 성과를 창출하는 과정**인 것이다.

결국 개인이든 조직이든 목표하는 것을 얻기 위해서는 그만큼의 개인의 역량과 조직의 역량이 발휘되어야 한다. 이런 면에서 임파워먼트는 개인은 물론 조직 차원에서의 역량을 키우는 데 매우 중요한 기능을 하며, 강점을 강화하는 유효한 방법일 수 있다.

"해가 뜨면 일하러 가야 해요." 12살 소년 미히레투는 아침이 밝으면 매일 일터로 향해야 한다. 소년은 하루 세 끼를 해결할 수 있는 만큼의 돈을 벌기 위해 종일 일을 해야 한다. 소년의 소원은 친구들처럼 학교에서 친구들과 뛰어놀며 공부하는 것이지만 소년에겐 그저 꿈일 뿐이다. 가난 때문에 자신의 꿈을 접어야 하고, 생활의 즐거움과 기쁨을 찾기란 거의 불가능에 가까워 보이는 이 이야기는 어느 국제자원봉사단체에서 소개한 내용이다. 이 소년은 어른이 되어 훌륭한 사람이 될 수 있겠지만, "해가 뜨면 일하러 가야 해요."라고 말하고 있는 이 소년에게서 우리는 지금 그의 모습과 심정이 어떨지 어느 정도는 짐작할 수 있다. 가난이라는 상황에 지배당하고 있고, 노동에 비해 너무도 적은 보수는 일의 의미를 갖지 못하게 하고, 아마도 일방적인 지시와 통제에 하루종일 휘둘리고 있을 것이다. 이런 상황에서 소년은 자긍심, 자신감과 같은 자기 효능감Self Efficacy은 찾아보기 어려울 것이다. 자기 효능감을 느끼지 못한다는 것은 비참한 일이다.

팀장은 팀의 성과를 이끌어내야 하는 임무를 부여받는다. 그렇다 보니 팀원의 희생을 강요하는 경우가 빈번하다. 만약 이런 리더십과 팀 분위기라면, 팀원들은 12살 소년의 모습일 확률이 높고, 가난한 소년이 느끼는 슬픈 감정을 느낄 수밖에 없다.

조직의 성과를 달성하고 개인의 성장을 느낄 수 있는 상황은 신선한 산소와 같다. 양질의 산소가 주입되면 팀원들은 더욱 활동적이고 자신감에 넘쳐 성취 지향적이고 목표 지향적인 태도를 갖게 되고, 이러한 과정 속에서 만족감도 높아진다. 이처럼 팀원들이 자신의 일에 몰입하고 새로운 도전에 따른 위험을 수용할 수 있는 의지를 갖게 할 수 있는 조직 운영 전략이 필요하다는 것은 상식적인 수준에서라도 누구나 인지하고 있다. 그러나 크게는 회사 차원에서부터 작게는 팀 단위 차원에서 이러한 상식적인 것을 실천으로 옮기고, 또 성과까지 이끌어내기란 결코 쉬운 일이 아니다.

이런 측면에서 임파워먼트는 팀 차원에서 볼 때 권한을 부여하는 사람에게는 업무 분산이, 권한을 부여받는 사람에게는 업무수행 기회가 서로 연결되어 팀 빌드 업Team Build-up을 도와준다. 나아가 성과 달성에만 그치는 것이 아니라 바람직한 팀 문화를 구축하는 효과도 있다. 팀의 충만한 자신감이나 활기찬 분위기는 팀 내에서 임파워먼트가 잘 되고 있다는 의미이기도 하다.

임파워먼트가 개인과 조직에게 주는 효능에는 다음과 같은 것들이 있다. 지금 팀의 모습은 어떠한지 체크해볼 필요가 있다.

Check-List: 우리 팀의 임파워먼트 수준을 확인해보자.

수용력이 훌륭하고 창의적이다. 상 중 하

경험하는 분야에서 높은 수준을 확보하려 노력한다. 상 중 하

불가능성보다는 먼저 가능성의 틈새를 찾아내려 노력한다. 상 중 하

열정적이고 몰입을 잘한다. 상 중 하

책임감을 갖고 문제해결을 위한 의사소통에 성실히 임한다. 상 중 하

새로운 상황에 대해 도전적이면서도 유연성을 발휘한다. 상 중 하

자기 자신뿐 아니라 일에 대한 자부심을 가지고 있고
구성원으로서 긍지를 갖는다. 상 중 하

타인에 대한 긍정적 사고를 바탕으로 신뢰 관계를 잘 만든다. 상 중 하

어떤 사안에 대해서 숨기기보다는 솔직하게
의문을 제기하곤 한다. 상 중 하

항상 학습을 통해 자신의 역량과 능력을 키우는 것을
게을리하지 않는다. 상 중 하

Chapter.2

자기 임파워먼트
(Self Empowerment) 방해요인

'실핏줄 골목길 주민이 살아야 동네가 산다.'● 이 말은 서울 서촌의 역사적 유산을 지키고 이를 통해 서촌의 지역 경제도 살려야 한다는 취지의 인터뷰 기사 제목이다. 조직도 마찬가지다. 구성원 하나하나가 왕성할 때 팀이 왕성해지고 팀이 왕성하게 성과를 낼 때 조직은 성장하게 된다. 물론 실핏줄 골목길 주민들이 잘 살기 위해서는 주민의 노력도 필요하지만, 이를 뒷받침해 줄 지원 시스템이 우선적으로 필요한 것도 사실이다. 그럼에도 불구하고 임파워먼트의 의미처럼 파워를 남에게 위양하거나 남의 힘(역량)을 키워주기 위해서는 **팀장이 먼저 자신을 임파워먼트 해야 한다.**

지원 시스템이 우선되어야 성공 확률이 높다고 했다. 이러한 자기 자신을 제외한 주변의 환경, 조건, 상황 등의 지원 시스템은 자

● 서믿음 기자, 〈서촌의 미래⑱ 실핏줄 골목길 주민이 살아야 동네가 산다.〉, 2022.05.31, 아시아경제.

신이 통제할 수 없는 범주에 있는 경우가 많다. 하지만 팀장은 팀장으로서 팀이 성공할 수 있는 환경을 만들기 위해 먼저 자기 자신이 스스로 임파워먼트 되어야 한다. **팀장의 자기 임파워먼트**Self Empowerment**가 팀 임파워먼트**Team Empowerment**의 출발점이다.** 자기 임파워먼트는 자기 자신을 긍정적이고 능력 있는 사람으로 인식함으로써 정신적, 신체적, 사회적 능력을 키워가는 내적 역량이다. 자기 임파워먼트로 충만한 리더와 함께 일을 한다는 것은 구성원으로서 행운이다. 목마른 사슴이 우물을 찾듯이 리더는 스스로가 임파워먼트 될 수 있도록 해야 한다.

'근거 없는 자신감'을 줄여서 '근자감'이라고 한다. 그러나, 임파워먼트는 '근거 없는 자신감'이 아니라 '근거 있는 자신감'이라 할 수 있다. 임파워먼트를 부여받는 사람은 자신의 역량과 권한을 가지고 판단하고 행동한다는 확신적인 자신감을 갖게 되며, 임파워먼트를 부여하는 사람은 자기의 권한을 내려놓거나 나누어 주어도 괜찮다는 안정감과 자신감을 가지게 된다. 이렇듯 '자신이 어떤 일을 성공적으로 할 수 있는 능력이 있다고 믿는 기대와 신념'을 캐나다의 심리학자 알버트 반두라Albert Bandura는 **'자기 효능감**Self Efficacy**'**이라 했다. 팀장은 팀 리더로서 자기 효능감을 발현함으로써 자신은 물론 팀을 활력 있게 하는 힘의 원천임을 확고히 인식하고 있어야 한다.

그럼에도 불구하고 자긍심을 높이는 것은 말처럼 쉬운 일은 아니다. 이유는 자신을 둘러싸고 있는 힘겨운 환경이나 상황 속에서 자신의 모습을 어엿하게 만들어가기가 의지만으로는 쉽지 않기 때문이다. 그렇기 때문에 자긍심이나 자신감과 같은 자기 효능감을 갖는 데 방해되는 것을 제거해야 한다. 자신을 바라보는 시선에 대한 두려움이나 죄의식과 같은 부정적인 감정을 없애는 일에 힘써야 한다. 자기 효능감을 떨어뜨리는 것들에는 다음과 같은 것이 있다.

첫째, **가스라이팅**Gaslighting

가스라이팅Gaslighting이란 사실을 교묘하게 조작함으로써 상대가 자기 자신을 의심하게 하여 현실감이나 판단력을 잃게 하고 상대방을 정신적으로 지배하는 심리학 용어이다. 1944년에 영화로도 나온 '가스라이팅(가스등)'의 내용은 이렇다. 이모 엘리스의 유일한 상속녀인 주인공 폴라의 재산과 보석을 가로채기 위해 결혼한 남편이 갖은 속임수와 거짓말과 부드러운 위협으로 멀쩡하고 착한 아내 폴라를 정신병자로 만드는 과정과 가스라이팅을 통해 남편에게 지배당하는 폴라의 불안정한 심리변화를 그린 영화이다. 예를 들면, 아내 폴라가 집안이 어둡다고 하면 "당신이 잘못 본 거야.", "왜 자꾸 이상한 소리를 하는 거야."와 같은 말로 끊임없이 핀잔을 준다거나, 갑자기 우호적인 태도와 공격적인 태도를 예측하기 어렵게 반복한다거나 하는 언행을 지속적으로 함으로써 아내 폴라가 자기 자신을 의심하게 만든다거나, 남편을 불편하게 한다는 자책감을 느끼게 하는 것 등이다. 일단 가스라이팅에 사로잡히게 되면 피해자는 자존감이 낮아지고 그 수렁에서 벗어나기가 매우 어렵다. 이 영화에서도 아내 폴라가 남편 그레고리의 정체를 알고 나서야 겨우 벗어날 수 있었다.

가스라이팅은 한마디로 **정신적 학대**이다. 상대방의 말을 거부하거나 이해하려 하지 않는 언행(거부), 상대방을 하찮게 여기는 언행(경시), 실제 있었거나 없었던 일을 거꾸로 하는 언행(조작), 상대방의 기억이나 주장을 강하게 반박하는 언행(윽박) 등의 지속적인 가해적 언행은 상대방을 정신적으로 옭아맨다. 의도적이든 아니든 이러한 학대는 가정, 직장, 연인 관계와 같이 오히려 가깝고 빈번한 관계 속에서 발견된다. 의도를 불문하고 결과적으로 상대방을 통제하게 된다. 예를 들면, '(갖은 잔소리를 한 후) 다 너를 위한 거야.', '넌 그러면 안 되지.', '너는 이것밖에 못해?', '신뢰가 안 가.', '내가 언제 그런 소리를 했다는 거야.' 등이 그렇다.

필자와 친한 후배 팀장의 재미있는 사례가 있다. 후배 팀장은 종종 필자에게 말로써(물론 악의는 전혀 없음) 어떤 상황으로 필자를 몰고 갔다. 예를 들면, 공식 비공식적인 자리에서 "(당연히 이런 약속은 하지 않은 상태에서) 이번 식사는 이 팀장님이 사신답니다." "이 일에는 이 팀장님이 맡아 주시면 최고겠는데요."와 같이 필자를 어떤 상황으로 몰고 간다. 재미로 하는 것들이라서 필자도 재치있게 받아 주고는 했다. 그럴 때마다 필자는 "아. 00팀장아, 나 그만 가스라이팅 해." 라고 웃으며 말하곤 했다. 그런데 재미있는 것은 진짜로 식사 값을 내거나 일을 맡게 된다는 것이다.

팀 리더는 중간관리자이기 때문에 팀장도 상하로부터 업무적으로나 관계적으로 대단한 중압감을 느낀다. 그렇기 때문에 가스라이팅의 가해자가 될 수도 있고 피해자가 될 수도 있다. 가해자가 되지 않기 위해서는 앞서 말한 가스라이팅에 해당되는 언행을 하지 않으면 된다. 한편, 피해자가 되지 않기 위해서는 어떻게 하면 좋을까? 중요한 것은 영화(가스라이팅)의 결말처럼 자신이 가스라이팅의 피해자라는 것을 자각하는 것이다.

영화의 결말에서도 아내 폴라는 자신이 정상이고 남편 그레고리가 가해자라는 사실을 명확히 알게 된 후에 해방될 수 있었다. 만약 가스라이팅으로 고통을 겪고 있다고 판단되면 일단 거리를 두고 그 사람과 가까이 하는 것을 최소화해야 한다. 그리고 조금씩 상대방으로부터 벗어나면서 자존감을 회복하고 인생의 주인공은 바로 자신임을 마음속 깊이 가져야 한다. 그렇게 되면 궁지에 몰린 권투선수가 반격에 나서게 되는 모습처럼 다시 회복될 수 있을 것이다.

둘째, 요나 콤플렉스Jonah Complex

요나 콤플렉스Jonah Complex는 구약성서 요나서에서 유래했다. 요나서의 내용을 간단히 요약하자면 예언자인 요나는 하나님이 아시리아의 대도시인 니느웨(지금의 이라크에 있음)로 가서 도시가 죄악으로 물들어 있으므로 하나님의 심판을 받을 것이라는 예언을 전하라는 명령을 받는다. 이것은 하나님의 명령으로 하나님으로부터 사명을 부여받는다는 것은 선택받은 것이고 영예로운 일이기도 한 것이었다. 그러나 요나는 그 명령을 따르지 않고 배를 타고 다른 곳을 향하다고래의 뱃속에서 3일이나 갇히게 된다. 결론적으로는 그 명령을 따랐지만 그 과정을 볼 때 요나는 하나님의 명령에 불복하는 퇴행적인 모습을 보였다. 이러한 퇴행적 심리를 요나 콤플렉스라고 한다.

퇴행적 심리란 어떠한 상황에서 정신적인 붕괴가 일어나 성인이면서도 어린애 같은 언행을 취하거나 자신의 방어기제로써 나타나는 심리현상을 말한다. 요나 콤플렉스는 자신이 바라고 추앙하는 것이 있다고 하더라도 그것을 이룰 수 있다는 자신감 결여로 실패를 두려워하고 자신에 대한 가능성에 대해 신념을 갖지 못하는 심리현상을 말한다. 인간은 어떤 상황에 대해 대응하는 자세로서 도전적인 성향과 회피적인 성향을 보인다. 요나 콤플렉스는 후자의 성향을 말한다. 이러한 심리 상태는 자신이 할 수 있는 일에 스스로가 벽을 세우게 되고 잠재된 자신의 능력을 썩히게 만든다.

필자가 교육컨설팅 회사에서 근무하며 겪은 사례이다. 당시 회사 직원은 30여 명이었고 회사 운영을 위한 자금도 넉넉한 편이 아니었다. 그러한 상황에서 회사 대표는 매출 확대를 위한 다양한 방법을 모색하였고 한 가지 의견을 팀장 회의에서 제안했다. 당시 팀장이었던 필자는 해당 제안에 대하여 직전 직장에서 수행한 경험이 있었기 때문에 투입에 필요한 자금 부분에 있어서 어려움이 있음을 피력했다. 약간의 갑론을박이 있었고 결론적으로 대표의 제안은 회의석상에서 흐지부지 없던 일이 되었다. 그런데 문제는 그 다음날에 터졌다.

대표는 전날에 있었던 회의에서 특정 팀장(필자)이 '도전적이지 못하다.'라는 식으로 전 직원이 있는 아침 조회에서 이야기 한 것이다. 필자는 당연히 기분이 몹시 나빴다. 결국 이 일로 인해서 감정의 골은 깊어졌고 결국 회사를 그만두게 되었다. 물론 이 사건 이외에도 몇몇 불만스러운 일을 필자뿐 아니라 다른 직원들도 겪고 있던 터였다.

이유야 어찌 되었든 다시금 생각해 보면 대표 입장에서 볼 때 필자는 해보지도 않고 부정적인 상황만을 앞세워 시도조차 하지 않는 능력 없는 팀장이었던 것이다. 회사 대표나 필자나 누가 옳고 그름의 문제보다는 팀장으로서 좀 더 도전적이고 생산적인 자세를 보였다면 어땠을까 하는 반성을 해볼 만한 일이었다. 팀장이라는 위치에서 상사의 지시나 의견에 대해 소극적이고 회피적인 태도를 반복하는 행동을 해서는 그 지위를 지키기 어렵다는 것쯤은 굳이 말하지 않아도 쉽게 알 수 있는 일이다.

필자도 팀원들에게 새로운 아이디어나 업무 추진 계획을 공유했을 때 부정적이거나 소극적인 태도의 팀원들을 볼 때 솔직히 답답하고 화가 나는 경우를 종종 경험했다. 무엇인가를 시작하기 전이나 어렵사리라도 시작한 시점에서는 끝이 보이지 않더라도 할 수 있다는 자신감 하나만으로도 그 끝을 볼 수 있다는 사실을 잊지 말자.

셋째, **월렌다 효과**Karl Wallenda

월렌다는 73세에 그의 고별 공중곡예 공연을 하기 전까지는 단한 번의 실수도 없이 공연을 성공적으로 해왔다. 그러나, 그의 딱

한 번의 실수는 그의 목숨을 앗아갔고 그의 마지막 공연이 되고 말았다. 이 사망 사고가 있은 후 그의 아내는 이런 말을 했다. "이번 곡예에서 안 좋은 일이 생길 것 같았습니다. 왜냐하면 남편이 평소와는 다르게 곡예공연을 시작하기 전에 '이번 공연은 진짜 중요해. 실수하면 안 되는데…'라며 걱정하는 말을 연거푸 했습니다." 이렇듯 **부정적인 심리적 압박**을 받으며 근심하는 심리 상태를 월렌다 효과라 한다.

이것은 스트레스로 작용한다. 스트레스 원인은 다양하고, 모든 인간이 겪는 일이다. 하지만 이를 어떻게 관리하느냐에 따라 주변이나 자기 자신에게 미치는 영향은 다르게 나타난다. 스트레스 관리를 하지 못하면 그 스트레스는 점점 확대되고 비극적 결말에 이르게 된다. 스트레스를 관리할 수 있다는 것은 훌륭한 능력이다. 조직 내에서 겪어야 하는 수많은 상황 속에서 리더 역할을 하는 팀장이 스트레스 관리에 실패하면 그것은 팀에도 직접적인 타격을 주게 된다. 스트레스 해소 대상을 팀원으로 삼거나 스트레스 원인을 팀원들에게로 돌리는 팀장은 무능력하다고 밖에 말할 수 없다. 스트레스 상황을 스스로가 완벽하게 해소할 수는 없겠지만 최소화 시키려고 노력하는 모습이라든가, 담담하게 이겨내는 듬직한 모습은 팀원들의 응원을 받을 수 있다.

Chapter.3

자기 임파워먼트 방법

팀장은 팀을 이끌고 성과를 내야 하는 책임자이기 때문에 팀을 활성화시키고 성과를 낼 수 있는 리더십이 필요하다. 그 리더십은 팀장 자신에 대한 임파워먼트로부터 발현되며, 발현되는 모든 리더십의 모습은 팀 문화에 직접적인 영향을 끼친다는 점을 다시 한번 확실히 인식할 필요가 있다. **팀장으로서 자기 임파워먼트는 팀원과의 관계 속에서 형성되어야 한다.** 자기 임파워먼트를 하겠다는 생각으로 골방에 앉아 '그래, 이제부터 내 자신에게 임파워먼트를 해야지.'라고 의지를 다진다고 될 일이 아니다. 팀은 상호관계적이기 때문에 혼자서 의지를 다져도 팀원들과의 상호 관계성이 결여되어서는 실패확률이 높다. 그렇기 때문에 팀원들이 공감하지 않는 자기 임파워먼트는 그 동력을 빠르게 잃게 된다. 팀장으로서 팀원과의 관계성을 통해 만들 수 있는 자기 임파워먼트 방법 3가지를 소개한다.

첫째, **자기 개방**이다. 자신과 타인 간의 인식 또는 인지 수준을 나타내는 대표적 이론인 조하리의 창Johari's window은 자신과 타인과의 관계 정도를 4가지 창으로 보여주는 이론이다.

① 열린 창: 자신에 대해 자신도 잘 알고 타인도 잘 아는 상태

② 숨겨진 창: 자신에 대해 자신은 알지만 타인은 모르는 상태

③ 보이지 않는 창: 자신에 대해 자신은 모르지만 타인이 아는 상태

④ 미지의 창: 자신에 대해 자신도 모르고 타인도 모르는 상태

팀장으로서 경우에 따라 신비주의도 필요할 수 있다. 일부 유명인들도 신비주의 전략을 썼고, 이 전략은 성공적인 경우도 많았다. 하지만 요즘은 어떤가? 어느 때보다 소통을 강조하는 시대이다. 세계적인 슈퍼스타가 된 BTS도 이토록 유명해지기 전까지는 유투브와 같은 SNS를 통해 자신들의 평범하고 자연스러운 일상의 모습을 팬들에게 보여줌으로써 팬들과 친숙해지는 과정을 거쳤다고 한다. 자기 개방이란 것은 단순히 사교적이거나 발랄하다는 관점에서 볼 것은 아니다. 자기 개방이란 상대에게 자신에 대하여 열어젖히는 것이다. 팀장으로서의 자기 개방이란 어떤 계획이 있는지, 무엇이 고민인지, 감정이 어떤지, 어떤 의식과 목표를 가지고 있는지 등을 솔직하게 표현하는 것이다.

자기 개방은 상호 간의 신뢰감을 쌓는데 효과가 있다. 이것을 **라포**rapport라고 한다. 라포란 서로의 생각이나 감정의 공감을 통한 상호간 신뢰도를 말한다. 라포가 형성되었다는 것은 서로를 신뢰하고

친근하게 느낀다는 의미를 갖는다. 이렇듯 팀장이 팀원들에게 먼저 다가가고 자기를 개방하는 노력을 지속하는 것이 팀장으로서 자기 임파워먼트를 성공시킬 수 있는 시작이다. 단, 가식적 개방은 쉽게 드러나고 오래 지속되지 않는다는 점은 유념해야 한다.

둘째, **상대 존중**이다. 팀원 한 명 한 명에 대해서, 팀원이 하는 일 하나하나에 대해서 중요한 존재이고 중요한 일임을 자주 표현해 주어야 한다. 팀원들의 자존감은 팀장의 자존감이기도 하다. 마치 훌륭한 자녀를 둔 부모의 마음과도 같은 것이다. 훌륭한 자식을 둔 부모의 마음은 기쁠 수밖에 없다. 팀원을 경쟁 상대 또는 자신의 성공을 위한 받침돌 정도로 생각한다면 크나큰 계산 착오다. 이런 경우는 앞서 말한 라포는커녕 팀원들로부터 외면당하기 딱 좋다. 성희롱 문제와 함께 사회적으로 문제가 되는 '갑질' 문제로 조직에서 퇴출되는 일이 비일비재하다는 사실은 모두가 잘 알고 있다.

물론 존중해 주기 어려운 팀원이 있을 수 있다. 그러나 그러한 팀원일수록 팀장으로서 그를 더 이해하고 존중하려는 노력이 필요하다. 조하리의 창처럼 팀원에 대해 모르고 있거나 오해하고 있는 부분이 있을 수 있기 때문이다. 필자의 경우도 팀장으로서 팀원에 대하여 화도 나고, 답답함을 느끼기도 하고, 가능하면 대하고 싶지 않고, 불편함을 느끼기는 팀원이 왜 없었겠는가. 하지만 돌이켜 생각해 보면 필자 자신이 그들을 좀 더 이해하려는 노력이 부족하지 않았나 하는 반성이 되기도 했다.

이러한 경험과 반성을 통해 알게 된 중요한 사실은 상대를 존중하기 위해서는 **'경청'**이 필수적이라는 것이다. 경청이야말로 팀원들을 이해하고 관계 유지를 위한 강력한 스킬이다. 기대에 미치지 못한 업무성과에 대해서 꾸짖거나 핀잔을 하는 것이 아니라, 결과의 배경이나 이유 등을 먼저 적극적으로 들어주는 노력에 대해서 팀원은 안정감을 느끼게 된다. 경청만큼 중요한 것은 **'인정'**이다. 팀원의 가치를 적극적으로 찾아내고, 작은 장점이라도 인정해 주도록 한다. 완벽하지 않더라도 긍정적인 면에 대해 인정한다면 팀원은 팀에 빠르고 적극적으로 팀의 일원이 되고자 노력하게 된다. 팀원의 의견이나 의사결정에 대해서도 적극적으로 관여(간섭이 아닌)와 지원을 통해 팀장을 자신의 지원군으로 인식하게 하는 등의 노력들이 결국은 팀원을 존중하는 일인 것이다.

셋째, **분위기 메이커** 역할이다. 팀장으로서 팀의 분위기를 주도하려는 욕심을 내라는 것은 아니다. 업무 속성에 따라 팀 분위기는 각양각색일 수밖에 없다. 필자가 경험했고 다른 여러 팀장급 리더들에게 들었던 것은 팀장이 팀원의 눈치를 많이 본다는 것이다. 팀장과 팀원 간의 갈등이 발생하면 회복하기가 쉽지 않고, 팀 분위기는 나빠지고, 결국에는 팀 성과 창출에 나쁜 영향을 주기 때문이다. 그렇기 때문에 팀에서 발생하는 모든 것에 대한 책임이 있는 팀장의 어깨는 무거울 수밖에 없다.

팀장의 리더십은 팀 분위기 형성에 직접적인 영향을 준다. 그렇기 때문에 팀장은 어떤 형태로든 팀원들 속에 섞여있어야 한다. 거기에다 '**유머**humor'라는 양념이 더해진다면 더욱 부드럽고 스스럼없는 팀 분위기를 만드는 데 큰 도움이 된다. '유머humor'는 고대 생리학에서 인체의 4체액(혈액, 점액, 황담즙, 흑담즙)이 균형을 이루는 안정적인 상태를 뜻하는 라틴어의 'humor'에서 왔다는 이야기가 있다. 어원에서 짐작하자면 인간의 안정적인 상태를 유지해 주는 것이 유머가 아닐까 하는 생각이 든다. 팀장으로서 팀원들에게 웃음을 선사할 수 있다면 팀장 자격을 갖추는 데 있어서 금상첨화일 것이다. 유머라고 해서 개그맨과 같은 고도의 유머를 생각할 필요는 없다. 타고난 엉뚱함과 같은 것도 좋다. 순진해 보이는 엉뚱함, 자신을 낮추는 가벼운 농담, 아재 개그, 예상을 깨는 반전 멘트 등은 가벼움보다는 품위와 여유, 친근감을 느끼게 한다.

필자의 직장 상사의 사례이다. 그는 평소 구성원들을 최대한 일하기 좋은 분위기를 마련해주려는 노력을 했다. 특히, 기억에 남는 것은 그의 나이나 직급에 어울리지 않게 자신의 SNS 프로필 사진을 우스꽝스럽게 하여 SNS상에서 구성원들과 소통을 했다는 것이다. 오죽하면 당시 회사 대표도 너무한 것 아니냐는 이야기를 했을 정도이다. 그런 그는 퇴직할 때까지 매우 우수한 업무성과를 이끌어냈고, 구성원들로부터 성대한 환송식도 받았다고 한다. 이렇듯 팀장으로서 열 마디 충고보다(듣는 입장에서는 잔소리)는 한 마디 재치 있는 유머로 팀원들 속에서 그들과 함께하는 노력은 팀 분위기를 활발하게 하고, 팀장 자신도 활기찬 기운을 가지게 한다.

Chapter.4

팀 임파워먼트
(Team Empowerment)

팀장의 고민을 한마디로 축약한다면 '팀의 성과를 위해 팀을 어떻게 활성화시킬 것인가?'일 것이다. 팀장으로서의 자기 임파워먼트는 본인뿐 아니라 팀 운영 책임자로서 갖춰야 할 필수 요소이다. 이렇게 임파워먼트된 팀장일수록 팀 임파워먼트를 훌륭히 수행해낼 수 있을 것이다. 잡코리아 조사•(2019, n=206)에 의하면 밀레니얼 세대는 '일을 하면서 개인 역량이 발전됨을 체감할 때'를 가장 큰 업무 동기 상승 요인이라고 답했다고 한다. 이러한 조사 결과를 참고하지 않는다고 해도 조직 성과와 개인 성장에 있어서 임파워먼트가 도움이 된다는 것쯤은 충분히 짐작할 수 있다. **팀 임파워먼트** Team Empowerment는 팀원들을 신뢰하고 그들의 잠재 능력을 개발하게 하여 팀의 성과와 개인의 성장을 이끌어내는 중요한 과정이다.

• 잡코리아, 〈직장인 41% '일에 몰입 잘 안돼'〉, 2018.11.13.

팀 임파워먼트는 크게 세 가지 개념으로 정리할 수 있다. 첫째는 일반적으로 알고 있는 권한위임, 즉 **구성원에게 업무권한을 위임**하는 것이다. 둘째는 **구성원의 역량을 강화하도록 지원**하는 것이다. 셋째는 **자존감에 고무된 고성과 조직을 구축**해 가는 것이다. 성공적으로 팀 임파워먼트가 되고 있는 팀은 성과를 창출하는데 있어서 긍정적인 연쇄반응이 나타난다.

먼저, 자신에게 부여된 기회들에 대하여 구성원은 기대감과 동시에 책임감을 갖게 된다. 물론, 개인의 성향에 따라 구성원이 받아들이는 수용력은 차이가 있지만 팀 내에서 소외되고 존재감을 느끼지 못하는 경우보다는 훨씬 효과적인 반응을 보이게 된다. 여기서 말하는 기회란 팀 내에서 크든 작든 어느 부분에 대한 주도적 역할을 갖게 되는 것을 의미한다. 그리고 그 기대감과 책임감은 업무몰입으로 이어지면서 업무 성과를 창출하게 된다. 이러한 과정에서 팀원들은 자기 효능감을 갖게 된다. 예를 들면, '나는 중요한 일을 하고 있고 그 결과물이 어떠해야 하는지 안다. 나의 일은 다른 사람의 일과 차이가 있고 어떤 면에서는 그들보다 더 중요하다. 이 업무에서 나는 최종 결과뿐 아니라 과정에도 상당한 힘을 발휘했다. 나는 잘하고 있고 계속 성장하고 싶다. 우리 팀은 서로를 존중하고 자유로운 의사소통과 참여가 가능하다. 나는 하는 일이 즐겁다. 우리 팀은 서로 응원하고 함께 성장하는 모습을 보인다.' 등의 생각을 하게 된다.

이렇듯 팀 구성원들이 개인마다의 자기 효능감을 느끼는 단계에 이르면 팀은 고성과 팀으로 거듭나고 발전하게 된다.

기회 제공 ···▶ 구성원의 기대감과 책임감 ···▶ 업무 몰입
···▶ 성과 창출 ···▶ 구성원의 자기 효능감 ···▶ 고성과 팀 구축

팀 임파워먼트가 잘 이루어지는 팀은 이와 같은 일련의 흐름을 가지고 있고 이 흐름을 반복한다. 그리고 팀장은 이러한 흐름 속에서 각각의 것들이 기대만큼 잘 지속되고 있는지 관찰하고 성찰해야 한다. 예를 들면, 기회를 제공받았음에도 구성원이 수용하려는 태도를 보이지 않는다거나 할 경우 이런 상황을 해결해야 한다. 팀 임파워먼트의 궁극적인 목표가 '고성과 팀 구축'이지만, 이 목표를 달성하고자 하려면 가장 핵심적으로 구성원의 자기 효능감이 있어야 한다. 초등생을 대상으로 한 어느 자기 효능감 실험은 이를 증명하고 있다. 실험결과는 예상대로 자기 효능감이 높은 아이들이 낮은 아이들보다 여러 면(리더십, 성취지향성 등)에서 우수한 것으로 나타났다. 자기 효능감을 쉽게 가질 수 있는 것은 아니지만 한 번 가지게 되면 구성원 간의 상호협력 속에서 지속될 수 있을 것이다.

이처럼 팀 임파워먼트가 잘 추진되고 있는 고성과 팀은 '마태효과'를 누릴 수 있게 된다. '마태효과'란 쉽게 말해서 빈익빈 부익부, 즉 부자는 더욱 부자가 되고, 가난한 자는 더욱 가난해지는 현상을 말한다. '무릇 있는 자는 더욱 받아 풍족하게 되고, 없는 자는 있는 것까지도 빼앗기리라'라는 신약성서의 마태복음 성경구절에서 유

래한다. **팀의 성공 경험은 또 다른 그렇지 못한 팀보다 더 많은 새로운 성공 경험을 계속해서 만들어낼 기회를 가지게 된다.** 구성원 간의 높은 신뢰감, 업무에 임하는 적극적 자세, 유관부서나 상사로부터의 적극적 지원 등이 바로 '마태효과'를 내게 하는 모습들이라 할 수 있다.

Chapter.5

팀 임파워먼트 방해요인

팀 임파워먼트는 팀에서 일어나는 업무적인 것이나 관계적인 것의 많은 상황을 해결해 줄 수 있는 기능을 가지고 있지만, 그 안을 들여다보면 극복해야 할 현실적인 문제들이 많다. 팀 임파워먼트의 핵심 역할을 해야 하는 팀장이나 그것을 받아들이고 수행해야 하는 팀원의 역량이나 마인드, 개인 성향 때문에 어려운 문제에 직면하는 경우가 많기 때문이다. 팀 임파워먼트를 추진하는 과정에서 팀장과 팀원이 바라보는 어려운 문제들은 다음과 같은 것들이 있다.

〈팀장과 팀원의 입장 차이〉

팀장	팀원
- 선배 직원보다 업무능력이 좋은 후배 사원에게 권한위임을 하고 싶지만 이로 인해 팀 분위기가 망가지지 않을까? - 업무에 대한 권한위임을 했지만 진행 상황 등을 잘 보고받지 못한다. 일일이 상황을 체크해야 하나? - 권한을 위임한 업무의 수행 결과에 대해서 팀장인 내가 책임을 져야 하나? - 권한위임 때문에 내 입지가 좁아지는 것은 아닐까? - 나름대로 믿고 맡긴다고는 하는데 긍정적으로 받아들이지 못하는 팀원들에게는 어떻게 대응해야 하나? - 자율권을 주고 민주적인 방법으로 팀을 이끄는 모습에 대해서 지적하는데, 방법을 바꿔야 하나?	- 나의 능력 밖의 일을 주려는 의도가 뭘까? - 이왕 일을 맡겨놨으면 좀 기다려줘야 하는 거 아냐? - 일일이 참견할 거면 임파워먼트라는 말 같은 건 왜 하는 거지? - 일을 맡겨 놓고서는 너무 무관심한 거 아냐? - 남의 일같이 말하는 건 뭐지? - 업무 지시를 선후배 개념도 없이 너무 뒤죽박죽으로 하는 거 아냐?

이러한 입장이나 상황들은 조직에서 종종 볼 수 있는 것들이다. 팀장 역할을 하고 있는 필자의 경우도 똑같은 과정을 경험했다. 확실한 것은 입장 차가 있다는 것이다. 그렇다고 이러한 상황들을 입장의 차이니까 대수롭지 않은 일이라고 치부해서는 안 된다. 그렇기 때문에 이런 상황의 원인이 무엇인지 파악하고 해결을 위해 서로가 노력해야 한다.

팀장에 의해 발생하는 문제의 원인은 다음과 같은 것들이 있다.

① 팀장 스스로가 **자기 임파워먼트 되어 있지 않은 경우**이다. 이 경우는 팀장 자신이 팀 임파워먼트를 추진할 수 있는 기본적인 준비가 되지 않았기 때문에 팀 임파워먼트의 필요성에 대한 생각조차 없을 것이기 때문이다. 이 원인을 극복하기 위해서는 팀장 스스로가 임파워먼트에 대하여 관심을 갖고 이와 관련된 공부를 통해 실행방법을 알아가도록 해야 한다.

② 팀 임파워먼트를 성공시킬 수 있다는 **자신감 결여**다. 자신감이 부족한 이유는 관련 경험이 부족하거나 추진 방법을 제대로 이해하고 있지 못하기 때문이다. 이를 극복하기 위해서는 실행과정에서 겪게 되는 다양한 상황 자체를 경험으로 축적하고, 팀 내 협력자를 통해 함께 추진하려는 시도가 필요하다. 필요한 경우에는 본인 상사에게 성공적인 팀 임파워먼트 추진에 필요한 지원을 요청하거나 추진계획을 공유함으로써 힘을 얻어내는 것도 방법이다.

③ 팀 임파워먼트가 팀장으로서 팀원에 대한 통제력을 상실하거나 지위에 대한 위상 상실의 원인이 되지 않을까 하는 **두려움**이다. 이런 경우는 통제나 관리중심적인 리더십 스타일에서 볼 수 있다. 통제나 관리중심적인 리더십만의 장점이 있을 수 있으나, 이러한 리더십은 팀 임파워먼트에 대한 거부감을 가질 가능성이 높다. 팀원들은 통제 상황에서는 창의적이고 자발적인 업무추진을 시도하지 않는다. 과감하게 팀원을 믿고 그들에게 기회를 주도록 해보자. 팀원 한 사람 한 사람에 대한 믿음을 가지고 적극적으로 지원하고

있다는 인식이 전달될 수 있도록 노력하는 것도 좋은 극복 방법이 될 것이다.

팀원에 의해 발생하는 문제의 원인은 다음과 같은 것들이 있다.

① **자율과 역할에 대한 부담감**이다. 팀원은 권한위임으로 인해 발생하는 새로운 역할이나 임무에 대해서 스스로 생각하고 실행해야 하는 것에 대해 에너지를 쏟아야 한다. 이로 인해 부담감을 갖게 되고, 심각해지면 상황을 회피하려 한다. '내가 할 수 있는 일이 아닌데, 나의 역할이 거기까지는 아닌데, 다른 할 일도 많은데.'와 같은 생각을 하게 된다. 이때 팀원이 보이는 반응은 극복하려는 노력보다는 그 문제로부터 회피하려 하거나 합리적인 변명거리를 찾으려 한다. 이런 문제를 예방하거나 최소화시키기 위해서 팀장은 팀원의 역량에 부합하는 업무의 양과 질을 고려하여 업무 권한을 위임하거나 업무분장을 해야 한다.

② **성과에 대한 보상 결여**이다. 보상은 금전, 승진과 같은 외적보상뿐 아니라 성취감, 성장감, 만족감과 같은 내적보상도 포함이 된다. 이러한 보상이 없다면 팀원에 의한 팀 임파워먼트는 성공하기 어렵다. 성과에 대해서 리더가 취할 것은 '리더십에 대한 인정'이고, 팀원이 취할 것은 '보상'이라는 말이 있다. 팀장은 가능한 수단을 이용하여 내적, 외적 보상을 팀원이 제공받을 수 있도록 해야 한다. 특히, 내적 보상을 위한 방법으로는 수행결과에 대한 올바른 피드백이나 코칭 등으로 팀원이 성장감을 느끼도록 도움을 줘야 한다.

③ 타인을 대하는 팀원의 **성실한 태도의 결여**다. 태도는 상대적

이라는 내용을 앞에서 언급하였다. 그럼에도 불구하고 성실하지 못한 팀원의 태도는 팀장에게 극복하기 어려운 난제이다. 이런 상황이라면 팀장은 선택을 하게 된다. 인내심을 갖고 배려하고 소통할 것이냐, 아니면 내칠 것이냐. 필자는 전자를 권하고자 한다. 왜냐하면, 팀원의 성실하지 못한 태도의 원인이 팀원에게만 있는 것이 아닐 수 있기 때문이다. 그렇기 때문에 팀장은 진정성을 가지고 진솔한 소통을 하는 노력을 보여주어야 한다. 그 과정에서 팀장이 겪어야 하는 심리적 고충은 후에 좋은 열매를 맺는 자양분이 될 것이다.

Chapter.6

팀 임파워먼트 방법

팀 차원의 임파워먼트가 성공적이기 위해서는 팀원이 자신의 업무를 무엇을, 왜 해야 하는지를 명확히 인지하는 것이 중요하다. 팀 임파워먼트를 위한 단계별 주요 사항을 알아보도록 하자.

● 준비 단계

① 먼저, 팀장은 **자기 임파워먼트**로 마음을 무장한다. 자기 임파워먼트는 한마디로 자존감이다. 앞서도 충분히 이야기 했듯이 팀장 자신이 먼저 자기 임파워먼트가 되어야 하는 이유는 자존감 없이는 닥쳐올 어려운 난관들을 극복하기 쉽지 않기 때문이다. 팀 임파워먼트라는 변화 속으로 뛰어들기 위한 마음의 준비는 여러 좌절을 이겨낼 수 있는 힘이 된다.

② 팀장은 **팀 임파워먼트 목표와 지원방법을 구체화**하기 위한 고민의 시간을 가져야 한다. 팀 전체의 임파워먼트 목표를 구체화했

으면, 이제는 팀원 개인마다의 업무역량, 태도, 특성 등을 파악하고, 팀원마다의 임파워먼트 목표와 지원 방법을 설정한다. 팀 임파워먼트 목표는 업무역량(지식, 스킬, 노하우 등) 강화, 태도(몰입, 창의 등) 강화, 팀과 개인의 업무성과 증진 등이다.

③ 팀장이 추진하고자 하는 것을 강력히 지원해 줄 **팀 내 조력자**를 만들어야 한다. 변화는 팀원들에게는 생소할 수도 있고, 거부감이나 다른 의견이 있을 수 있다. 그러므로 팀장의 진심어린 의지를 대변해 줄 수 있는 조력자는 큰 도움이 된다.

④ 이를 바탕으로 팀원 개인별 임파워먼트 계획표를 작성한다.

〈예시〉

이름	현 상황(지식, 스킬, 태도)	임파워먼트 목표	지원 방법
홍길동1	지식/스킬 우수, 책임감 우수	리더로서의 비전제시 및 역량준비	권한 일부 위임, 소통강화
홍길동2	지식/스킬 우수, 업무처리능력 다소 미흡, 성실	기획역량 강화	1:1코칭, 기획업무 기회 확대
홍길동3	지식/스킬 우수, 책임감 우수, 단독업무수행력 높음	리더로서의 비전제시 및 역량준비	권한 일부 위임, 소통강화
홍길동4	지식/스킬 미흡, 업무처리능력 우수	업무 지식/스킬 향상	관련업무 참여기회 확대, 외부교육, 1:1 코칭
홍길동5	지식/스킬 우수, 유연함	도전정신 강화	1:1 코칭, 업무기회 부여

● **실행 단계**

① 실행 준비가 되었다면 모든 팀원이 참석할 수 있는 날을 정하여 **팀원에게 알리고 실행계획을 공유**한다. 아무리 좋은 내용이라 하더라도 공유할 적절한 타이밍을 놓치면 효과는 반감된다.

② 이러한 큰 이슈를 위한 **팀 회의나 워크숍** 등은 팀장에게는 시험대와 같다. 이 자리에서 팀장은 임파워먼트를 추진하고자 한 배경, 목적, 내용 등을 인상 깊게 전할 수 있어야 한다. 이때 대의명분이 탄탄할수록 팀원의 거부감을 최소화하고 자발적 참여를 이끌어낼 수 있다. 간과해서는 안 될 것은 일방적인 내용 전달 방식으로는 팀원들의 공감을 얻기 어렵다는 것이다. 팀장은 팀원의 의견을 들을 수 있어야 하고, 어떤 것은 설득도 하여야 한다.

③ 팀장을 포함한 팀원 개인별 업무분장 목록을 작성한다. 업무분장은 세분화될수록 팀원은 역할과 책임에 대하여 선명하게 인식할 수 있다. 그리고 업무분장에 따른 **자율재량 범위**를 정한다. 자율재량이란 팀원 스스로가 판단하고 어느 정도의 범위 내에서 의사결정할 수 있는 결정권을 말한다.

〈예시〉

이름	분장 업무
차장 홍길동1	- 제휴계약, 위탁계약, 업무협약 등 제휴관계 유지 및 관리 추진 - 목표달성률 등 지점별, 센터별 영업현황 분석 및 후속조치 계획 수립 시행 - 영업 관련 내외규 준수에 대한 업무 지도, 지원, 관리 및 소관부서와의 업무 - 영업 현황 분석/생산성 제고 방안 수립 추진
과장 홍길동2	- 장단기 영업 활성화 전략 수립 추진 - 제도, 규정 등 기획 총괄 - 각종 대외 업무

● 사후 단계

① 실행 단계 후 팀장은 **업무와 팀원에 대한 지속적인 관심, 배려, 지원, 조정, 지도** 등을 해야 한다. 권한을 위임했다 하더라도 팀장은 과정과 결과에 대한 모든 책임을 실무자에게 지울 수는 없다. 그것은 팀장으로서 업무방임이다. 마찬가지로 실무자인 팀원도 '나에게 맡겨놓고 간섭은 왜 하나' 하는 태도를 가지는 것은 잘못된 생각이다. 이와 같은 오류를 최소화하려면 기한, 결과물의 기대 모습, 추진 방법 등에 대해서 팀원과 **충분한 소통**을 해야 한다. 그럼으로써 팀장은 조급함을 조절하고, 팀원은 팀장의 관여를 긍정적으로 받아들일 수 있게 된다.

② 팀원의 실수나 부진한 업무수행이 발생할 경우에 팀장은 **코칭이나 피드백**을 통해 동일한 실수가 발생하지 않도록 하고, 발전적인 방향으로 업무 동기를 재무장시키도록 해야 한다.

③ 업무수행 결과에 대해서는 팀장과 팀원이 **공동 책임감**을 가져야 한다. 결과물에 대한 1차적인 책임이 팀원에게 있다 하더라도 팀장에게는 관리 책임과 팀 성과에 대한 전체적인 책임을 대표하기 때문이다.

④ 사후단계에서의 결과물은 **성공적인 업무수행 결과, 팀원의 업무 역량 향상, 팀장과 팀원의 신뢰 관계 형성, 올바른 팀 문화 구축** 등이다.

Chapter.7

팀 임파워먼트 핵심사항

열심히 하는 것, 잘 하는 것, 성과가 나는 것. 열심히 한다는 것은 태도적인 측면이고, 잘 한다는 것은 스킬적인 측면이고, 성과를 낸다는 것은 두 가지의 종합적인 측면이라고 할 수 있다. 조직은 개인이나 팀 단위에서 가지고 있는 태도나 스킬보다는 성공적인 결과물 즉, **목표 성과의 달성 여부**에 온 신경을 집중한다. 오죽하면《일을 했으면 성과를 내라》(류랑도)라는 제목의 책도 있다. 이 책 제목을 부정할 이유를 찾기는 어려워 보인다. '열심히 했는데 너무하네.'와 같은 어린아이의 유치한 투정은 조직에서 통하지 않는다. 그렇기 때문에 조직이 말하는 성과의 개념을 확실히 할 필요가 있다. 성과란 'do/무엇을 했는가?'가 아니라 **'be/무엇을 이루었는가?'**에 포커싱 된다. 예를 들어, '3개월 내 10kg 감량'이란 목표에서 성과는 '10kg 감량 달성'인 것이다. 이를 위한 여러 노력에도 불구하고 '10kg 감량'을 하지 못했다면, 이는 목표 달성에 실패한 것이다. 그렇기 때문에 조금이라도 달성하지 못했을 경우 '목표를 달성했는가?'라는 질문에 대한 답변으로는 냉정하지만 'No'이다.

조직에서는 각 부서(팀)별로 달성목표를 수립하고, 이를 달성하기 위한 세부 계획을 수립하고 실행한다. 이러한 일련의 과정에서 성공적인 팀 임파워먼트를 하기 위해서는 팀장이 면밀하게 준비해야 할 것이 바로 **CSF(Critical Success Factor, 주요성공요인), BI(Behavioral Indicator, 행동지표), KPI(Key Performance Indicator, 핵심성과지표)를 설정**하는 것이다.

오타니 쇼헤이(야구선수)는 2021년 아메리칸리그 MVP를 수상할 정도로 투수와 타자로서 맹활약하고 있다. 오타니 쇼헤이가 유명한 만큼 그에 대한 매우 유명한 것이 하나 더 있다. 그것은 바로 오타니의 목표관리표(만다라트 계획표)이다.

〈오타니 쇼헤이의 목표관리표〉

몸 관리	영양제 먹기	FSQ 90kg	인스텝 개선	몸통 강화	축 흔들지 않기	각도를 만든다	위에서부터 공을 던진다	손목 강화
유연성	몸 만들기	RSQ 130kg	릴리즈 포인트 안정	제구	불안정 없애기	힘 모으기	구위	하반신 주도
스테미너	가동역	식사 저녁 7숟갈 아침 3숟갈	하체 강화	몸을 열지 않기	멘탈을 컨트롤	볼을 앞에서 릴리즈	회전수 증가	가동력
뚜렷한 목표·목적	일희일비 하지 않기	머리는 차갑게 심장은 뜨겁게	몸만들기	제구	구위	축을 돌리기	하체 강화	체중 증가
핀치에 강하게	멘탈	분위기에 휩쓸리지 않기	멘탈	8구단 드래프트 1순위	스피드 160km/h	몸통 강화	스피드 160km/h	어깨 주변 강화
마음의 파도를 안 만들기	승리에 대한 집념	동료를 배려하는 마음	인간성	운	변화구	가동력	라이너 캐치볼	피칭 늘리기
감성	사랑받는 사람	계획성	인사하기	쓰레기 줍기	부실 청소	카운트볼 늘리기	포크볼 완성	슬라이더 구위
배려	인간성	감사	물건을 소중히 쓰자	운	심판을 대하는 태도	늦게 낙차가 있는 커브	변화구	좌타자 결정구
예의	신뢰받는 사람	지속력	긍정적 사고	응원받는 사람	책 읽기	직구와 같은 폼으로 던지기	스트라이크 볼을 던질때 제구	거리를 상상하기

고교시절에 그는 '8구단 드래프트 1순위'라는 목표를 정했다. 그는 그림에서 보듯이 목표를 달성하기 위한 CSF 8가지(몸 만들기, 재구 등)를 꼽았다. 그리고 각 CSF마다 BI를 다시 8가지씩을 꼽았다. 그리고 그는 각각의 BI에 대한 KPI를 정하여 그 달성 정도를 체크하는 과정을 거쳤다고 한다. 그의 이러한 노력의 결과로 세계적으로 유명한 야구선수가 된 것이다. 오타니 쇼헤이의 사례는 여기서 이야기하고자 하는 CSF, BI, KPI와 유사하다.

첫째, CSF(Critical Success Factor, 주요성공요인)

조직은 한정된 자원과 시간으로 목표 달성에 반드시 필요한 것에 선택과 집중을 해야 한다. CSF란 조직이나 개인이 목표 달성을 위해 수행해야 하는 일들 중에서 가장 핵심적인 것들을 말한다. 따라서 수립된 목표를 달성하기 위한 필수적이고 핵심적인 내용들을 파악하여 구체적인 세부 실행계획을 수립하고 실행해야 한다.

CSF를 도출하는 방법은 다음과 같다.

① CSF를 도출하기 전 조직이 추구하는 목표를 달성하기 위해 필요한 복수의 여러 성공 요소Success Factor를 도출한다.

② 도출된 여러 성공 요소Success Factor들 중에서 겹치지 않고 제외되지 않게 분류하여 핵심적인Critical 몇 가지 요소를 정한다.

㉠ 영업추진팀의 달성목표: 100억 매출 달성

SF: 상품 경쟁력(상품개발팀), 시책 경쟁력(재무팀), 시스템 경

쟁력(전산팀), 현장 영업인력 경쟁력(영업추진팀), 영업 추진 기획력(영업추진팀) 등

CSF: 영업인력 경쟁력, 영업 추진 기획력

둘째, BI(Behavioral Indicator, 행동지표)

BI는 CSF를 성공적으로 달성하기 위한 세부 실천방안을 말한다. 목표 달성을 위해 도출된 CSF를 제대로 달성하기 위해서는 CSF와 연계된 구체적인 실행내용이 필요하다.

BI 설정 시 참고할 몇 가지 포인트이다.

① 구체적인 행동 중심의 동사형이어야 한다.

② 무엇을, 어떻게, 언제 등의 내용이 구체적으로 포함되어야 한다. 이는 업무를 지시하거나 KPI를 정할 때 업무수행 방향이나 방법을 명확히 하는 데 도움이 된다.

③ 도출된 행동지표 내용에 따라 업무분장과 업무 권한을 위임하도록 한다.

㉠ 영업추진팀의 달성목표: 100억 매출 달성

SF: 상품 경쟁력(상품개발팀), 시책 경쟁력(재무팀), 시스템 경쟁력(전산팀), 현장 영업인력 경쟁력(영업추진팀), 영업 추진 기획력(영업추진팀) 등

CSF: 영업인력 경쟁력, 영업 추진 기획력

BI: 영업인력 경쟁력 − 지점장의 현장 활동 현황을 정기적으로

파악하고, 개선한다.

만일 BI를 '지점장의 현장 활동 현황을 정기적으로 파악하고, 개선한다.' 대신에 '지점장의 현장 활동 현황을 파악한다.'고 한다면 언제, 무엇을, 어떻게 등 구체적 방향이나 방법을 알 수 없다. 다른 예를 들자면, '건강한 맵시와 몸매 회복'이라는 목표를 달성하는데 행동지표를 단순히 '운동을 한다.'라고 하는 것보다 '정기적으로 운동을 한다.'라고 지표를 정하면 '정기적'이란 단어 속에서 기간에 대한 구체적 계획을 수립하고 평가할 수 있다.

행동지표는 CSF를 달성하기 위한 세부 수단이고, 이것들은 팀장이 업무 진행 상황에 대한 피드백, 코칭, 평가 등의 기초 자료로 활용할 수 있는 중요한 자료가 된다.

셋째, KPI(Key Performance Indicator, 핵심성과지표)

KPI는 개인과 팀의 목표 달성을 위해 핵심적으로 달성해야 하는 업무들에 대한 성과 달성 지표를 말한다. KPI도 CSF처럼 여러 성과지표PI 중 핵심적인Key 것을 선정한 것이다. KPI는 각 핵심 성과들에 대한 결과에만 집중한다. KPI는 구성원들을 회사가 원하는 방향으로 이끌어가고 구성원들에게 업무 동기를 유발하게 한다. 그렇기 때문에 KPI가 바람직하지 못하게 설정되면 실무자는 업무추진 방향을 잃게 된다. 대부분의 조직이 KPI 달성 정도로 업무수행 평가를 받기 때문에 잘못된 KPI 설정은 업무 의욕을 저하시키거나,

추구하는 목표와 동떨어진 업무를 진행할 수도 있다.

그렇기 때문에 KPI를 도출할 때는 다음 세 가지를 고려해야 한다.

① 부서의 미션이나 비전에 부합한 내용의 지표를 선정해야 한다. 이렇게 하면 이것을 수행하는 팀원에게 명분을 가질 수 있고, 회사에는 평가 지표의 타당성을 제시할 수 있다.

② 팀원들이 자신의 업무 권한 범위 내에서 직접 통제할 수 있어야 한다. 팀원이 통제(달성 가능성, 권한범위 등)할 수 없는 KPI는 목표달성에 대한 기대를 포기함으로써 의욕을 저하시킨다.

③ 정량적 측정이 가능해야 한다. 정성평가는 평가의 객관성을 담보하기가 어렵고, 평가자의 주관적 판단이 개입된다.

㉠ 영업추진팀의 달성목표: 100억 매출 달성

SF: 상품 경쟁력(상품개발팀), 시책 경쟁력(재무팀), 시스템 경쟁력(전산팀), 현장 영업인력 경쟁력(영업추진팀), 영업 추진 기획력(영업추진팀) 등

CSF: 영업인력 경쟁력, 영업 추진 기획력

BI: 영업인력 경쟁력 – 지점장의 현장 활동 현황을 정기적으로 파악하고, 개선한다.

KPI: 지점장의 매월 현장 방문활동 수, 교육활동 수, 귀소율, 전년 동기 대비 10% 이상 증가 등

Role 3:
코치
(Coach)

Part Ⅴ

팀 워크의 좋은 점은 언제나
나를 지지해 주는 누군가가 있다는 것입니다.

— 마카렛 카티Margaret Carty

Chapter.1

발묘조장拔苗助長 VS 줄탁동시啐啄同時

발묘조장拔苗助長이란 말이 있다. 중국 송나라 시대에 욕심 많고 어리석은 농부의 이야기다. 이 농부는 벼 모내기를 하고 난 후 자기 벼가 빨리 자랐으면 하는 욕심이 가득했다. 게다가 다른 농부의 벼가 자기 벼보다 더 커 보이기까지 했다. 이 어리석은 농부는 이런저런 궁리 끝에 기발한 생각을 해냈다. 그것은 심겨진 벼를 잡아당기면 조금 더 자란 것처럼 보일 거라 생각하고 벼를 잡아당겨 놓은 것이다. 그리고 저녁에 집에 와서는 가족에게 하루 종일 이 일을 하느라 힘들었다고 자랑스럽게 이야기까지 했다. 이것의 교훈은 급하게 서두르면 오히려 일을 그르치게 된다는 것이다. '조장助長하다'라는 말이 여기서 유래되어 '바람직하지 않은 일을 부추긴다.'라는 부정적인 의미로 쓰인다.

이 농부의 행동에서 우리는 몇 가지 잘못을 뽑을 수 있다. 첫째, 계획 없는 욕심만 앞서다 보니 어떻게 하면 벼를 잘 자라게 할 수 있는지 생각하지 못했다. 이 어리석은 농부의 실패는 이로부터 시작된 것이다. 둘째, 주변 사람에게 어떻게 하면 좋을지를 물어보지 않았다는 점이다. 셋째, 강제적으로 힘을 가해 벼를 뽑았다는 점이다. 논에 심은 지 얼마 지나지 않아 아직 어린 싹을 대상으로 강압적이고 무식한 방법을 이용한 것이다. 넷째, 자기의 잘못된 행동이 무엇인지 알지 못하고, 나아가 하루 종일 고생했다며 생색까지 내는 무지함이다. 자신의 생각이나 행동에 대해서 책임질 만한 능력조차 갖추고 있지 못했다. 가장 안타까운 것은 자신의 그릇된 생각이나 행동에 대한 성찰을 하지 않았다는 점이다.

팀장은 이 어리석은 농부와 같이 팀의 분위기나 사기를 바람직하지 않은 방향으로 몰고 가서는 안 된다. 팀 운영에 대한 전략 부재, 일방적인 지시, 불편한 감시, 불합리한 명령, 과도한 통제 등은 구성원을 위축시키고 활동에 제약을 주게 되고, 개인은 물론 조직의 성장을 저해하는 시작점이 되고 만다.

한편, **줄탁동시**啐啄同時란 말이 있다. 이는 병아리가 알 껍질을 깨어 세상 밖으로 나오기 위해서 안에서는 병아리가 쪼고 밖에서는 어미 닭이 함께 쫀다는 의미이다. 줄탁동시는 병아리와 어미 닭의 예에서만 볼 수 있는 장면은 아닐 것이다. 다른 모든 살아있는 생명체라면 생명을 만들고 보존하려는 노력에 집중하지 않는 경우는 없다.

줄탁동시에서도 몇 가지 중요한 긍정적 의미를 찾아볼 수 있다. 첫째, 껍질 속 병아리도 껍질을 깰 수 있다는 것이다. 어미 닭이 도와주면 좀 더 쉽고 빠르게 부화될 수 있겠지만 병아리 스스로도 깰 수 있는 힘(잠재력)이 있다는 점이다. 둘째, 밖에 있는 어미 닭의 인내심과 아낌없는 지원이다. 어미 닭이 만약 부화 시기가 되지 않았는데도 강제로 껍질을 깨었다면 병아리는 그냥 깨진 달걀이 된다. 어미 닭은 병아리가 혼자서 부화할 수 있을 때까지 인내심을 가지고 품고 기다렸다가 때가 되면 적극적이고 아낌없이 지원함으로써 안전하게 부화할 수 있게 돕는다. 셋째, 어미 닭은 껍질 안에서 병아리가 어느 부위를 쪼고 있는지를 잘 듣고 그곳을 함께 쫀다는 것이다. 병아리가 어디를 쪼고 있는지를 잘 들음으로써 효율적이고 빠르게 껍질을 깬다. 마지막으로, 어미 닭은 자신의 성과(껍질을 깨어 부화시킴)에 대해 생색을 내지 않고, 부화를 준비하는 다른 병아리들의 소리를 계속 듣는다는 것이다.

이런 의미에서 코칭은 어미 닭처럼 팀장으로서 갖춰야 할 스킬이자 덕목이다. 팀장으로서 어리석은 농부가 되기보다는 훌륭한 어미 닭이 될 수 있도록 노력해야 한다.

코칭이란

코칭은 헝가리의 코치kocs라는 도시에서 말이 끄는 마차에서 유래했다고 한다. 영어로는 마차를 Coach라 한다. 마차는 목적지를 승객이 정하고, 마부가 승객을 목적지에 모시고 간다. 요즘으로 말하자면 택시에 비유할 수 있다. 주행 코스가 이미 정해진 버스나 기차는 본인이 원하지 않는 정거장이나 코스를 지나야 한다. 그러나 택시는 목적지 도착을 위해 고객에게 가장 빠른 길, 안전한 길, 선호하는 길을 묻고, 고객은 그것에 답함으로써 자신이 원하는 곳에 도착한다.

지금의 코칭 개념은 하버드 대학 테니스부의 주장이자 테니스 전문가였던 티모시 갤웨이Thimohty Gallway가 본격적으로 적용했다. 그는 1974년에《테니스의 이너 게임The Inner Game of Tennis》라는 책을 통해서 코칭의 개념을 구체화했다. 핵심은 테니스의 기술적인 방법을 가르쳐 주는 것보다 개인의 잠재력(Inner_심리상태)을 스스로 발견하게 하는 것이 테니스를 쉽고 재미있게 배울 수 있는 방법이라고 했다.

코칭은 앞에서 다룬 임파워먼트를 성공적으로 이끌어가기 위해 필요한 핵심적인 필요역량이다. 임파워먼트가 팀원의 자존감을 일깨워 보다 참여적이고 창의적으로 일할 수 있는 상황을 만들어 주었다면, 코칭은 이를 유지하기 위한 마부의 역할이라 할 수 있다.

코칭에 대한 정의는 다양하다. 대표적으로 한국코치협회는 코칭을 '개인과 조직이 잠재력을 극대화하여 최상의 가치를 실현할 수 있도록 돕는 수평적 파트너십'이라 했다. 기타 '코칭 받는 사람과 지속적인 협력관계를 통해 그의 잠재능력을 극대화시켜 성장할 수 있도록 돕는 것', '상대가 갖고 있는 문제를 새롭게 보고, 느끼고, 생각하고, 할 수 있는 가능성을 열어주는 것', '현재 상태에서 바라는 상태로 이끌어 주는 것', '성과를 극대화하기 위해, 개인의 잠재능력을 깨워주는 것' 등으로 정의하고 있다. 이러한 정의들을 기반으로 필자는 **COACH**를 머리말로 이용하여 나름대로 정의해 보고자 한다. 그것은 '**Challenging, Objective, Authentic, Co, History**'이다.

- Challenging: 개선, 해결, 도전하고자 하는 상태나 **문제**
- Objective: 상태, 문제 등의 최종적인 **바라는 모습이나 목표**
- Authentic: 코칭관계에서 코칭을 하는 사람과 받는 사람이 가져야 할 **진정성**

- Co: 일방이 아닌 **상호관계**와 이를 통한 **신뢰**
- History: 코칭 받는 사람의 **새로운 역사**

코칭이란 '도전하고자 하는 그 어떤 것의 최종 목표를 위해 진정성을 가지고 함께 코칭 받는 사람의 역사를 만드는 것'이라 생각해 본다.

걸음마를 이제 막 시작하는 예쁜 아기를 생각해보자. 예쁜 아기는 두 팔을 바닥에 짚어 몸을 일으키고 나서 쓰러질 듯 말 듯 한발 한발을 내딛는다. 이때 이를 지켜보는 온 가족은 환호를 하며 앞으로 오라고 박수를 치고 '어구 잘한다.' 라며 응원한다. 아기의 도전 대상이나 상태Challenging는 '더 이상은 이대로 누워 지내는 것은 안 된다.'이다. 아기가 바라는 목표는 '두 발로 걷는 것이다.' 그것을 위해 온 가족은 진심으로 그의 첫 걸음마가 성공하기를 바라며 응원한다. 결국 아기는 태어나서 처음으로 두 발로 걷는 역사적인 날을 맞이한다. 이것이 바로 코칭이다.

코칭은 지시, 훈계, 지적, 강요와 같이 위에서 아래로 강제하는 것이 아니다. 가정에서나 직장에서 상대방을 옳은 길로 인도한답시고 본인 입장에서 여러 방법을 동원하여 강요하는 경우가 많다. 과거에 필자는 고등학생이었던 큰아들과 종종 갈등을 빚었다. 당연히 아버지로서, 어른으로서 올바르다고 생각하는 것들을 공유하는 과정임에도 갈등은 생겼다. 갈등의 정도가 심해져 큰 언성이 오가는 상황에까지 이르자 아내는 다니는 교회 전도사님과 상담을 하자고 했다. 썩 내키지는 않았지만 아들 없이 둘이서 상담을 받았다. 필자가 이야기하는 동안 전도사는 필자의 이야기를 계속 들어주었고, 몇 가지 질문을 하며 충분히 이해하려는 노력을 했다. 필자는 상황을 가감 없이 설명을 하였고 당연히 이성적으로 전달된 내용에 대해 전도사는 내 편이 되어줄 거라, 아니 내 판단이나 행동이 옳다고 얘기할 것이라 자신했다. 하지만 예상은 완전히 빗나갔다. 전도사의 조언은 이랬다. "아들의 이야기를 많이 듣고 끝까지 들어줄 필요가 있지 않을까요?" 뒤통수를 세게 맞은 듯 '아, 문제는 바로 나에게 있었구나.'라는 생각을 하게 되었다.

그 후로 필자는 아들을 대하는 태도와 대화 방법을 바꾸도록 노력했다. 너무나 다행히도 아들과의 갈등은 거의 완벽하게 사라졌다. 만약, 이때 전도사가 자신의 입장에서만 당신이나 아들이 문제가 있다는 등의 이런저런 충고를 했다면 필자는 지금처럼 아들과 좋은 관계를 가지지 못했을 것이다.

대부분의 많은 사람들이 쉽게 상대방이 겪는 여러 가지 Challenging(개선, 해결, 도전하고자 하는 상태나 문제)에 대해 너무 성급하게 조언하려는 경향이 있다. 왜 그럴까? 여러 가지 이유가 있겠지만 가장 큰 이유는 상대의 이야기를 끝까지 듣지 못하기 때문이다. 여기다 기름을 붓는 것은 자신의 충고가 효과가 있을 거라는 착각을 하고 어설픈 충고 따위를 하기 때문이다. 코칭은 코칭받는 사람의 심장을 자극하는 강력한 충동을 일으키는 감성적 접근과 이러한 과정에서 이성적으로 인지하고 사고하게 함으로써 스스로 올바른 판단을 하도록 돕는 것이다.

코칭에서는 감성과 이성을 조화롭게 다루어야 한다. 일반적으로 감성은 행동에 강력한 영향을 미치게 하는 힘이 있다. 각각은 서로 연결되어 있기 때문에 한쪽으로 치우친 코칭은 바람직하다고 볼 수 없다. 이성은 옳고 그름을 가리려는 성향을 가지고 있는 반면 감성은 심미審美 즉, '아름다움을 살펴 찾는 것'이다. 상대에 대하여 이성적인 판단보다는 믿음, 신뢰, 느낌, 관계와 같은 숨은 아름다움을 찾으려는 노력이 필요하다. 그렇기 때문에 코칭에서는 설교나 훈계와 같은 것보다 경청하고 질문하는 것을 강조한다.

Chapter.3

코칭 철학

필자는 코칭을 공부하면서 코칭의 철학에 대해 인정하면서도 정말 가능한 이야기인가 하는 의구심도 품었다. 앞서 코칭의 유래나 정의도 이 철학을 기반으로 만들어졌다는 것은 엄청난 시도이자 접근이었을 것이다. '나도 나를 잘 모른다.', '열 길 물 속은 알아도 한 길 사람 속은 모른다.'와 같은 말이 있다. 이런 가정이라면 미지의 상대방을 어떻게 믿고, 응원하고, 지지할 수 있을까? 그렇기 때문에 코칭 철학이야말로 엄청난 시도이자 접근이라고 생각하는 것이다.

코칭은 맥그리거의 XY이론과 직통한다. X이론은 '인간은 본래 게으로고 타율적이어서 강한 통제나 명령 없이는 자발적으로 행동하지 않는다.'는 것이다. 한편 Y이론은 '인간은 태어나면서부터 긍정적인 동기가 부여되면 자발적으로 행동하고 책임을 지려한다.'는 것이다.

코칭에서 주인공은 코칭을 하는 사람이 아니라 코칭을 받는 사람이다. 코칭 받는 사람에게 모든 것을 집중해야 한다. 팀장이라는 리더의 지위를 가지고 있는 상황에서 부하직원이 주인공이라는 인식을 가지고 있어야 하는 이유가 바로 이 때문이다. 일에 쫓기고 시간에 쫓기는 상황에서 코칭 따위가 무슨 소용이냐고 생각하는 경우는 적지 않다. 코칭을 빙하에 비유하자면 수면 위로 드러난 빙하의 10% 부분보다는 수면 아래 보이지 않는 나머지 90% 부분에 대해 접근하는 것이다. 수면 위 빙하보다 10배 가까이 커다란 수면 아래 빙하를 개발하는 것이다. 코칭 받는 사람의 보이지 않는 엄청난 가능성을 찾아가는 것이다. 이 과정에서 코칭 받는 사람은 지금까지 의식하지 못한 것을 의식하게 되고, 모르고 있던 사실을 알게 된다.

이것을 **'자각'**이라 한다. 자각은 통제력을 갖게 한다. 반대로 말하자면 자각하지 못하면 상황에 통제를 당한다. 즉, 통제력을 갖게 한다는 것은 스스로 '선택'할 수 있는 능력을 갖게 하고, 더불어 자신이 선택한 것에 대한 '책임감'을 가지게 한다는 말과 같다. 본인의 선택에 대해서 다른 누군가에게 책임을 전가할 수 없다. 그리고 이러한 책임감은 '성과'로 이어지게 된다.

자각 ···▸ 상황통제력 확보 ···▸ 선택 ···▸ 책임 ···▸ 성과

이러한 코칭은 다음과 같은 철학과 신념을 바탕으로 하고 있다.

<코칭 철학>

- 사람은 무한한 가능성을 가지고 있다.
- 문제의 해답은 그의 내부에 있고, 그가 가장 잘 알고 있다.
- 코치는 함께 해답을 찾아가는 파트너이다.

코칭철학 1. 사람은 무한한 가능성을 가지고 있다.

누군가에 대해서 그 사람의 가능성을 무한하다고 생각하는 것은 그를 무한히 **'신뢰'**한다는 말과 같다. 신뢰하지 않으면 가능성에 대해 인정하지 않을 뿐 아니라, 대상 자체를 부정하게 된다. 지금까지 자신을 믿어주고 힘이 되어준 사람은 누구였는지를 한 번 생각해 보기 바란다. 사랑을 나눠준 (조)부모님, 따뜻한 마음으로 대해준 상사, 사랑스러운 가족, 기분을 들뜨게 했던 친구 등등이 아닐까 생각한다. 이렇게 자신을 믿어주는 주변 사람들 덕분에 우리는 성장하는 것이다.

반대로, 우리를 주눅 들게 하는 누군가에 의해 영향을 받는다면 우리의 성장은 멈추고 퇴보하게 된다. 팀장으로서 이 첫 번째 코칭 철학을 받아들일 것을 강력히 권하고 싶다. 이것을 받아들인다는 것은 팀원에 대해 진정성을 가지고 신뢰하려는 노력을 하고 있다는 의미이다. 사실, 사람들은 자신은 믿어주든 안 믿어주든 자신의 의도대로 행동하려 한다. 이러한 사실들을 고려할 때 팀장이 강압적인 태도나 신뢰하지 않는 모습을 보인다면 팀원들은 바로 등을 돌린다. 그들은 이렇게 생각할 수 있다. '어디 두고 보자. 당신은 능력도 없이 우리를 강제하고 있고 어떠한 선택 권한도 주지 않았지. 그것은 우리의 자존감을 손상시켰어. 그러니 우리는 약삭빠른 행동으로 당신을 괴롭힐 거야. 당연히 어떠한 일에도 책임지지 않을 것이다. 물론 이런 우리도 회사생활이 힘들겠지만 우리는 소소하게, 상황에 따라서는 치명적인 복수를 할 거야.' 이런 상황은 모두에게 최악의 상황인 셈이다. 팀장은 코칭을 통해 팀원의 잠재적 가능성을 스스로 발견하게 함으로써 팀원은 자신의 잠재적 가능성을 자각하게 되고, 이 결과로 조직 내에서 비전을 찾고 더욱 강한 책임감을 갖게 될 수 있다.

코칭철학 2. 문제의 해답은 그의 내부에 있고 그가 가장 잘 알고 있다.

'**우문현답**'이라는 말이 있다. 원래의 우문현답愚問賢答에 빗대어 '**우**리의 **문**제는 **현**장에 **답**이 있다.'라는 말이다. 해결해야 할 어떤 문제들의 해답이 그의 내부에 있다는 이야기이다. 물론, 팀장(코칭하는 사람)이 해답을 팀원(코칭 받는 사람)에게 알려줄 수 있다. 그리고 현실적으로 이 방법을 선호하는 경우가 대부분일 것이다. 왜냐하면 앞서 이야기했듯이 직장에서는 거의 모든 상황을 빠르게 진행시키려 하기 때문이다. 하지만, 조금만 시간을 내어 문제의 해답을 팀원의 입에서 나오게 한다면 어떨까?

이는 도출된 해답에 대한 실행 주체가 팀원 자신임을 인식하게 하는 의미에서 대단히 중요한 부분이다. 자기결정이론Self-Determine Theory에 의하면 사람들은 인센티브와 같은 외적 동기 요인보다 자율성, 유능성, 관계성과 같은 내적 동기 요인에 의해 동기가 더욱 강화된다고 한다. 쉬운 예로, 엄마가 자녀들에게 방 청소를 시킬 때 "얘들아. 집 청소 좀 같이 하자. 끝나면 맛있는 저녁 사줄게.(조건을 제시한 외적 동기)"와 "얘들아. 엄마 집 청소하는데 도와줄 수 있겠니?(의사결정 기회 제공) 엄마 혼자는 힘들고 너희가 도와주면 훨씬 더 깨끗할 텐데.(유능성) 그러면 엄마가 너무 행복할 것 같아.(관계성) 끝나면 맛있는 저녁 사줄게.(조건을 제시한 외적 동기)"

물론, 외적 보상의 무용론을 말하는 것은 아니다. 다만, 자신의 문제를 스스로 고민하고 답을 찾게 하고 행동을 유발하기 위해서는 외부 동기 요인만으로 한계가 있다는 것이다. 앞서 이야기했듯이 팀장이 이미 답을 정하고, 그것을 실행하게 한다는 것은 팀원 입장에서는 외부로부터의 피동적 행위가 될 뿐이다.

코칭 교육 중에는 '우문현답'과 유사하게 **'스답창'**이란 말이 있다. **'스**스로 **답**을 **창**조한다.'란 말이다. 코칭 철학의 핵심내용 중 하나다. 팀장은 이 코칭 철학을 인정하고 받아들일 필요가 있다. 다만, 팀원은 스스로가 해답을 찾아야 하는 것에 대해서 회피하거나 부정하려는 경우가 있다. 자신의 내면에 있는 해답을 인정하기 싫거나 꺼내기가 두렵기 때문이다. 자신이 게으르다거나, 역량이 부족하다거나, 너무 소극적이다거나 하는 긍정적이지 못한 사실에 대해 자기 입으로 인정하기가 싫은 것이다. 이런 상황에서 '당신은 게으

름만 피지 않으면 좋을 것 같아.', '당신은 업무역량을 더 쌓아야 할 것 같아'와 같은 이야기를 듣는다면 듣는 입장에서 이런 생각이 들 것이다. '나도 알아. 내가 그런 거. 근데 잘 안 돼. 그래서 나보고 어쩌라고' 이래서는 정상적인 코칭 성과를 이끌어 낼 수 없다. 흔한 말로 '꼰대' 소리 들어가며 조언이나 잔소리를 하기 보다는 팀원이 바라는 것이 무엇인지, 그것을 해결하기 위해서는 무엇을 하면 좋은지, 그리고 어떻게 하면 좋은지를 들어주는 동안 팀원은 스스로 내용을 정리하고 해야 할 일이 무엇인지 깨닫고 필요한 행동을 함으로써 성과를 내는 데 최선을 다할 것이다.

코칭철학 3. 코치는 함께 해답을 찾아가는 파트너이다.

영화 「킹메이커」에서는 한국 정치판을 바꾸기 위해 대권에 도전하는 김운범(설경구 분)과 그를 조력하는 선거 전략가 서창대(이선균 분)가 등장한다. 서창대는 김운범의 조력자였다. 조지프 캠벨 Joseph Campbell이 말하는 '영웅의 여정'에서도 영웅은 자신의 여정 속에서 조력자를 만나 영웅이 겪어야 하는 문제를 해결하는 데 도움을 받는다고 했다.

우리의 인생도 조력자 없이 성장한다는 것은 확실히 불가능해 보인다. 파트너란 우리말로 '짝'이다. '짝'은 상하관계가 아닌 수평적 관계를 말한다. 영화 「킹메이커」에서도 김운범은 서창대를, 서창대는 김운범을 파트너로서 서로 인정했다. 물론, 이 영화 속 시나리오들이 코칭 철학을 기본으로 하지는 않았을 것은 감안할 부분이긴

하다. 그럼에도 불구하고, '킹메이커'라는 제목이 주는 메시지는 코칭의 **'파트너'** 개념과 유사하다. 코칭에서 말하는 파트너 개념은 상하관계나 종속관계가 아닌 수평적 관계임을 인식해야 한다. 이는 COACH의 'Co'에 해당한다.(155쪽 참고) 그런 의미에서 코치는 플레이어가 아니라 킹메이커라는 것을 인식해야 한다.

이 부분을 강조하는 이유는 직장에서 팀장이란 지위에서 팀원들과 수평적 관계를 가지기는 쉽지 않기 때문이다. 때로는 이것이 부작용을 일으킬 수도 있다. 그럼에도 불구하고 수평적 관계를 유지해야 하는 이유는 팀원이 팀장에게 다가오는 것을 거리껴 하지 말아야 하기 때문이다. 팀원이 팀장에게 접근하는 문턱이 높아서는 상호 발전적인 관계를 유지하기 어렵다. 직장 내 상사로서의 역할을 코칭 범위까지 넓히기 위해서는 팀원을 파트너로서 인정할 수 있는 용기가 필요하다. 팀장은 팀원을, 팀원은 팀장을 서로가 파트너로서 인정하게 되면 서로가 지지하고 지원하는 상호 서포터즈 관계를 유지할 수 있다.

직장 내에서 팀장은 코칭이라는 상황이 특별히 따로 있다고 생각할 필요는 없다. 일상 업무 상황에서도 파트너로서 팀원을 인정하고 존중한다면 서로의 신뢰는 강화될 수 있다. 그럼에도 불구하고 코칭 개념이 특별히 요구되는 상황(공식적 업무, 개인적 고민, 갈등과 같은 상황)에서는 특별히 코칭 스킬을 이용하여 파트너로서의 역할을 충실히 이행할 필요가 있다.

Chapter.4

코칭의 기대효과

어느 4개의 마을 이야기를 하고자 한다. 4개의 각 마을에는 각각의 훌륭한 리더가 있었다. 그 리더들의 이름은 **영웅**Hero, **선생**Teacher, **사령관**Commander, **코치**Coach이다. 각각의 리더는 각자의 독특한 리더십을 발휘했고, 그것은 마을을 이끄는 그들만의 힘이었다.

영웅Hero이 이끄는 마을 사람들은 영웅이 자신들의 리더라는 것에 큰 자부심을 가지고 산다. 영웅이 하는 말은 모두 진리이고 사실이라고 믿고 산다. 그도 그럴 것이 영웅은 그동안 많은 역경을 딛고 엄청난 성과를 이룬 능력자였기 때문이다. 그렇다 보니 마을 사람들은 그의 영웅적인 모습을 따라하는 데 여념이 없었고, 모두가 그의 영웅적인 모습을 따라하고 싶어 했다. 하지만, 마을 사람들이 힘들어하는 한 가지가 있었다. 그것은 영웅이 바라는 수준을 맞추는 일이었다. 자신이 바라는 것이 아니더라도 어쩔 수 없이 영웅이 바라거나 기대하는 바를 충족시켜야 한다는 강박에 사로잡혀 살 수밖에 없었다. 그렇다고 영웅이 마을 사람들을 위해서 특별히 노력하는 것도 없었다. 사실 영웅은 자기 잘난 맛에 사느라 여념이 없었다.

선생Teacher이 이끄는 마을 사람들은 모두가 똑똑하고 성실하다. 그들은 많은 것을 가르쳐주고, 새로운 것을 알려주는 자신들의 선생을 자랑스러워했다. 선생은 주변의 어떤 지도자들보다 많은 지식을 가지고 있었다. 매일 정해진 시간과 장소에 모여 열심히 가르치고 배웠다. 아이들이고 어른이고 열심히 배워야 했다. 선생은 가르침에 있어서는 한 치의 양보를 하지 않았다. 선생은 많은 것을 알려주려 하다 보니 일방적으로 주입시키기도 하고, 평가도 하고, 결과에 따라서는 혼도 내곤 했다. 그렇다보니, 정해진 가르침을 따라오지 못하는 사람들은 도태되고, 학습에 집중하지 못하기도 하였다. 자신들에게 그다지 필요하지 않은 것조차 배우라고 하니 힘이 너무 들었다. 사실 선생은 이렇게 가르치는 것에만 관심이 있다 보니 마을 사람들이 지쳐하는 모습을 보면서도 문제의 심각성을 깨닫지 못했다.

사령관Commander이 이끄는 마을은 규율이 잘 잡혀있다. 마을 사람들은 규율이 튼튼하다 보니 안전한 생활을 누릴 수 있었다. 사령관의 능력 중의 하나인 통제는 마을의 안녕을 지킬 수 있었다. 사령관은 많은 경험과 훈련된 능력으로 마을을 통솔하는 데 전혀 부족함이 없었다. 그렇다 보니 사령관의 지시에 대해서 마을 사람 중 어느 누구도 반대 의견을 내지 않았다. 사람들은 사령관의 지시나 명령을 일사분란하게 따를 뿐이었다. 가끔 가혹하거나 올바르지 못한 명령에도 그저 따를 뿐이었다. 하지만, 사령관은 점점 독재자처럼 군림하기 시작했고, 마을 사람들은 차츰 주눅이 들어 살았다. 마을 사람들은 그 런 사령관이 무섭기도 하고 존경스럽기도 하여 혼란스러워 했다.

코치Coach가 이끄는 마을 사람은 자유분방했지만 다른 마을의 리더 들과 비교해볼 때 자신들의 리더인 코치Coach에 대해 딱히 자랑할 만 한 것이 없는 것처럼 생각했다. 슈퍼스타와 같은 영웅적인 모습도 없고, 선생처럼 특별히 아는 것이 많은 것도 아니고, 사령관처럼 똑 부러진 모습도 보이지 않으니 그럴 만도 했다. 더 심각하게는 유약 해 보이기까지 하고 아무 의견이 없어 보였다. 한번은 4개의 마을 사 람들이 모여 대화를 나누고 있었다. 대화를 열심히 듣고 있던 코치 마을 사람이 다른 마을 사람들에게 질문을 했다. '궁금한 것이 있는 데요. 여러분 마을의 주인은 누구입니까?' 이 질문을 받은 다른 마을 사람들은 모두 무슨 이런 바보 같은 질문을 하느냐는 식으로 일제히 그를 물끄러미 바라보며 '당연히 우리의 지도자이지.'라고 했다. 그 러자 코치 마을 사람이 의아하다는 표정을 지으며 이렇게 말했다. '어. 이상하네요. 우리 마을의 지도자는 우리 마을 사람들인데요.'

어쩌면 '정말 코칭이 중요하다는 사람들의 말이 믿을 만한 것일 까?' 라며 의문을 가질 수 있다. 그리고 성과와 시간에 쫓기는 상황 에서 한가롭게 코칭 따위를 해보겠다는 시도를 주저할 수도 있다. 누구도 밑지고 장사하고 싶은 사람은 없다. 그렇다면 코칭은 밑지 는 장사일까, 득을 보는 장사일까? 앞서 말한 티모시 갤웨이Thimohty Gallway는 이너 게임에서 [P=p-i] '성과Performance = 잠재능력Potential － 방해요소Interference' 공식으로 코칭의 기대효과를 설명했다. 성과는 구성원들이 그들의 잠재력을 발휘하는데 방해가 되는 요소를 제거하면 성과가 도출된다는 것이다. 결국, 코칭의 목적은 코칭 받는 사람이 바라는 목표를 달성하는 것이 목적이기 때문에 코치는 코칭 받는 사람의 잠재력 발휘에 방해 요소가 제거되도록 도와주는 역할을 하면 된다.

팀원의 잠재력 발휘에 방해가 되는 것들은 어떤 것들이 있을까? 외적동기 요소인 급여, 승진, 복리후생과 같은 것에 대한 불만이나 내적동기 요소인 자율성, 유능성, 관계성에 대한 불만들일 것이다. 팀장으로서 당장 할 수 있는 것은 내적동기를 방해하는 것들을 제거해 주는 일일 것이다. 코칭은 팀원을 육성하는 여러 방법 중에도 효과가 뛰어난 것으로 밝혀졌다. 미국의 경영정보 R&D업체인 ROI Institute는 조사를 통해 '코칭은 기업의 직원대상 교육 방법 중 가장 큰 효과를 발휘한다.'라고 소개했다. 교육 방법으로 본 것은 Coaching를 포함하여 Teaching, Consulting, Mentoring, Training과 같은 것들이었고, 이것들은 각각의 특징이 있다.

- Coaching: 스스로 해결책을 인식하게 하고 해결책을 통해 스스로 성취
  할 수 있게 지원
- Teaching: 일방적으로 가르치고 평가와 확인을 통해 성장을 지원
- Consulting: 특정 문제에 대해서 전문가의 입장에서 조언하고 답을 제시
- Mentoring: 기술, 정보, 경험 등을 멘티에게 전달
- Training: 설정된 특정 목표 도달을 위해 정해진 매뉴얼에 맞춰 반복 훈련

Chapter.5

코칭에서의 경청

경청에 대한 속담이나 명언을 들여다보면 이것이 얼마나 중요한 것인지 쉽게 알 수 있다. '어떤 칭찬에도 동요하지 않는 사람도 자신의 이야기에 마음을 빼앗긴 사람에게는 마음이 흔들린다.(자크 워드)', '말을 너무 많이 한다는 비난은 있지만, 너무 많이 듣는다는 비난을 들어 본 적은 없을 것이다.(노신)', '지혜는 들음으로써 생기고, 후회는 말함으로써 생긴다.(아우구스틴)', '말하는 것은 지식의 영역이고, 듣는 것은 지혜의 영역이다.(올리버 웬델 홈즈)', '내 사랑하는 형제들아. 너희가 알거니와 사람마다 듣기는 속히 하고 말하기는 더디 하며, 성내기도 더디하라.(신약성서 야고보서 1장 19절)'

들을 청聽자를 하나씩 풀어서 해석하면 '귀耳는 왕王이고 열 개十의 눈目과 하나一된 마음心으로 진지하게 상대를 대하는 것'이다. 이토록 수많은 사람들이 듣는 것이 얼마나 중요한지를 이야기 하고 있고 당연히 우리 모두도 알고 있다. 그렇다면 왜 듣는 것이 중요한지를 말하고 있는 것일까? 그것은 많은 사람이 듣기를 즐거워하지 않기 때문이다. 듣기보다는 말하기를 좋아하기 때문이다. 이는 금연이 좋은지 너무도 잘 알지만 끊지 못하는 흡연자에 비유할 수 있을 것 같다. 금연 방법도 알고 의지도 있다. 하지만 도무지 금연이 어렵다. 경청도 마찬가지다. 경청 방법도 어느 정도 알고 무엇보다 중요하다는 것을 안다. 하지만 도무지 제대로 된 경청을 할 줄 모른다. 이유는 경청을 방해하는 것들 때문이다. 금연을 시도하는 사람들이 스트레스, 음주, 담배 피는 주변 사람들의 권유와 같은 방해 요소들이 금연을 계속 실패하게 하는 것과 같다. 경청을 방해하는 요소는 환경적인 것, 심리적인 것, 스킬적인 것으로 나눠볼 수 있다. 환경적인 것은 대화 내용이나 목적에 부합하지 않는 공간이나 소음이다. 심리적인 것은 상대에 대한 선입견, 자기중심적인 경청, 압도하고 싶은 마음, 대화에 집중하기 어려운 심리 상태, 빠른 결론을 내리려는 조급함, 답을 말해주고 싶은 마음, 무언가를 뽐내고 싶은 마음 등이다. 스킬적인 것은 경청 방법에 대한 무지이다. 이러한 방해 요소를 극복하고 경청할 줄 아는 사람이 되면 대화를 꽃 피울 수 있다.

경청은 귀에 들리는 것Hearing이 아니라 의지를 갖고 열심히 귀로 듣고Listening 몸으로 표현하고 질문을 하는 것까지를 말한다. 필자는 경청을 세 가지로 구분했다. 한글로는 모두 '경청'이다. 하지만 한

자로는 ① 輕聽, ② 傾聽, ③ 敬聽이다. ① 輕聽의 輕은 가벼울 경이고, ② 傾聽의 傾은 기울일 경이고, ③ 敬聽의 敬은 예의바를 경 / 공경할 경이다.

① 輕聽은 상대의 이야기를 가볍게 받아들임으로써 자신의 관점에서 상대의 이야기를 판단하고 해석하는 수준이다. 이 수준에서는 상대가 말할 때 종종 말을 끊거나 반대 의견을 주장하거나 핀잔까지도 서슴지 않는다. 또한, 팔짱을 낀다거나 딴청을 핀다거나 머리를 도리질 한다거나 하는 기분 나쁜 몸동작을 하는 모습을 보인다. 이런 상대와 대화를 하고 싶은 사람은 별로 없을 것이다.

② 傾聽은 상대의 이야기에 집중하며 상호 교감하는 수준이다. 이 수준의 경청자는 눈 맞춤, 고개 끄덕임, 중요한 말 반복하기, 몸짓이나 말 따라 하기, 요약하기 등을 한다. 이렇게 듣는 것에 노력해준다면 상대방은 자신이 이야기하는 것에 기쁘게 집중하게 된다. 이 수준에서는 자신의 판단이 아닌 사실 중심으로 들으며 상대방의 감정 상태를 파악하려고 노력한다.

③ 敬聽은 상대의 이야기뿐만 아니라 상대가 누가 되었든 그 사람 자체에 대하여 인정하고 존중하며 대화에 집중한다. ② 傾聽 수준의 대화 자세를 유지하는 것은 물론 상대방을 존중하는 입장을 취한다. 이런 사람에 대해서는 신뢰 그 이상의 관계를 만들 수 있다. 그렇기 때문에 코칭에서는 ③ **敬聽 수준의 경청**이 되어야 한다.

그럼에도 대부분의 사람은 대화 과정에서 자신의 감정이나 생각 말하기를 참아가며 상대방의 이야기에 집중하는 것을 어려워한다.

특히, 대화 상대가 자기의 지위(사회적, 개인 간의 지위)와 동등하거나 아래라고 생각되는 상대방에게는 더욱 그렇다. 솔직히 자신의 지위보다 높은 사람이 말하는데 눈치 없이 함부로 끼어들어 얘기하는 사람은 없을 것이다. 그런데 반대의 경우는 그러한 경계심이 무너지기 때문에 올바른 경청 자세를 유지하지 못한다. 그렇기 때문에 팀장으로서 팀원을 대하는 경청 자세를 잘 갖출 필요가 있는 것이다.

팀장은 팀원들에게는 사회적 지위가 높은 직장 상사이다. 팀원의 의견 제시, 보고, 회의 등의 많은 장면에서 팀장의 역할은 멘토, 지시자, 영웅이면서 코치 등의 역할을 하게 된다. 이러한 역할에서 경청 없는 일방적인 가르침, 지시나 명령 등만으로는 팀원이 기대하는 리더십을 보이기는 어렵다. 거꾸로 생각해보면 이해하기 쉽다. 자신이라면 상사의 잔소리 같은 끊임없는 충고나 조언을 원하겠는가? 아니면, 자신의 고충을 들어주고 이해하고 해결해주려고 하는 사람을 원하겠는가? 그렇기 때문에 팀장은 코칭 상황에서 다음과 같이 팀원의 이야기를 들어주면 효과적인 코칭을 할 수 있다.

첫째, 상대방에게 집중하기 위하여 **시선을 맞추고 적절한 제스처를 취한다.** 딴전을 피우면서 상대방이 자신에 대해 잘 들어주는 사람이라고 생각할 것이라는 것은 오산이다. 둘째, **성급하게 판단하거나 해결방안을 제시하지 않는다.** 말하는 사람이 진짜 하고 싶은 말이 아직 나오지도 않았는데 성급하게 판단하고 결론을 낸다면 대화는 쉽게 갈등 상황에 봉착하게 된다. 셋째, **문제해결을 위한 질문**을 통해 스스로 답을 찾아낼 수 있도록 안내한다.

Chapter.6

코칭에서의 질문

흑인, 가난, 성폭행, 부모의 외면, 아기의 죽음, 자살 시도, 마약, 스트레스로 인한 폭식과 엄청난 과체중. 만약 이런 상황이라면 인생을 성공적으로 살아낼 수 있을까? 이토록 불행한 상황들은 어느 불쌍한 유년기와 청소년기를 보낸 사람의 실제 이야기다. 이제는 미국 최고의 유명 방송인이자 CEO로 살고 있는 오프라 윈프리Oprah Gail Winfrey의 이야기다. 그녀의 전설 같은 인생 반전은 누군가의 '질문'에서 시작되었다고 한다. "오프라, 이 세상에는 세 종류의 사람이 있다. 만드는 사람, 구경꾼, 아무것도 모르고 죽는 사람이 있다. 너는 어떤 사람이 되고 싶니?"라는 질문이었다. 그녀는 이 질문을 받고 자기 인생에 대해 되돌아보고 자신의 인생에 대한 책임감을 가지게 된 것이다. 어려운 시절 동안 들었던 수많은 조언보다 이 질문 하나가 그녀에게 변화를 준 것이다.

한번은 지역 방송 토크쇼에 참가해서 다른 참가자들과 함께 이런 질문을 받았다. "만약 100만 달러의 상금을 받으면 어떻게 쓰겠습니까?" 다른 참가자들이 저축이나 부모님을 위해 쓴다고 했지만, 오프라는 "나를 위해서 마음껏 쓸 겁니다."라고 했다. 이어서 진행자는 "돈을 다 쓰면 어떡할 겁니까? 돈 벌기 쉽지 않은데."라고 하자 오프라는 서슴없이 "그만큼 벌 자신이 있어요."라고 답했다고 한다. 오프라 윈프리의 기적 같은 인생의 반전은 명석한 머리, 성공에 대한 의지, 뛰어난 언변력이 바탕이 되었을 것이다. 하지만, 필자가 말하고 싶은 것은 오프라 윈프리가 아니다. 오프라 윈프리가 그렇게 성공할 수 있도록 이끌어준 누군가의 **'질문'**이다.

질문은 임산부가 아기를 잘 낳을 수 있도록 도와주는 산파와 같다. '인간이 지닌 최고의 탁월함은 자기 자신과 타인에게 질문하는 능력이다.(소크라테스)', '올바른 질문을 찾고 나면 정답을 찾는 데는 5분도 걸리지 않는다.(알베르크 아인슈타인)', '질문으로 파고든 사람은 이미 그 문제의 해답을 반 쯤 얻은 것이다.(프랜시스 베이컨)', '질문은 단순한 말보다 더 깊은 곳까지 파헤친다. 말보다 열 배쯤 더 많은 생각을 이끌어 낸다.(윌리엄 제임스)', '질문하기를 주저하지 않는 사람은 반드시 더 많이 알게 된다.(마이클 블룸버그)', '질문은 교육을 가르쳐 주기보다는 자기 스스로 깨닫게 한다.(칼리 피오리나)'

대화에서 듣기는 인내가 필요하고, 말하기는 지식, 경험, 유머, 논리 등이 필요하고 질문은 질문 기법이 필요하다. 이유는 적절한 질문일수록 의식의 화살표를 잠재의식으로 향하게 하고 잠재의식

속에 있는 해답을 이끌어내는 힘이 있기 때문이다. 그런 의미에서 타인과의 대화에서의 질문이 아닌 자기 자신에 대한 질문도 큰 도움이 된다. 스스로가 자신에게 질문을 던지면 성찰할 수 있기 때문이다. '팀장으로서 필요한 업무역량을 갖추고 있는가?', '팀원과의 원만한 관계 유지를 위한 노력을 하고 있는가?', '성과도출을 위한 과정관리는 제대로 하고 있는가?', '팀원들에게 모범이 되는 행동을 하는가?'와 같은 질문을 자신에게 던져보는 것이다. 팀장으로서 팀에 기여할 수 있는 것이 무엇인지, 자신이 부족한 것이 무엇인지 등에 대한 해법을 찾을 수 있을 것이다. 팀장으로서 자신에 대한 대담한 질문과 솔직한 대답을 할 수 있는 것만으로도 팀장으로서 최소한의 자격은 갖추었다고 할 수 있을 것이다.

다시 코칭 상황에서의 질문으로 돌아오자. 질문은 코칭에서 경청과 함께 대표적으로 중요하게 강조되고 있다.

필자는 질문의 중요성이나 효과를 알게 되었을 때 아들들에게 한 가지를 권유하고 한동안 그것을 확인했던 기억이 있다. 그것은 학교 수업에서 하루에 세 번 이상의 질문을 하라는 것이었다. 아들들이 그것을 완벽하게 하지는 못했겠지만, 당시에는 최소한 질문을 하기 위해서는 수업에 집중했을 것이고, 선생님에게는 좋은 인상을 남길 수 있었을 것이다. 어느 유명 심리상담 전문가는 "제가 내방하는 내방자들에게 하는 일은 대단한 것이 없습니다. 그저 질문을 할 뿐이거든요."라고 했다. 이렇듯 질문은 상황에 따라 질문하는 사람에게 다음과 같은 효과를 불러온다.

첫째, **대화를 주도할 수 있다.** 앞서 이야기했듯 질문은 대화의 산파 역할을 한다. 산파가 산모에게 호흡을 하라면 호흡을, 쉬라고 하면 쉬기를, 힘을 주라고 하면 힘을 주듯 산모는 산파가 유도하는 대로 그 말에 따른다. 이처럼 질문 받는 사람은 산모처럼 답변을 해야 한다. 말하는 사람이 대화의 흐름에서 벗어나는 경우에도 질문을 통해 대화를 통제할 수 있다.

둘째, **다양한 정보를 얻을 수 있다.** 질문은 말하는 사람에게 말할 기회를 계속 제공하게 되고 말하는 사람은 더 많은 정보를 말하게 된다. 그렇기 때문에 문제 해결에 도움을 주려는 입장에서는 많은 질문으로 정보를 더 많이 확보할 수 있다.

셋째, **상대의 마음을 열 수 있다.** 질문은 상대에 대한 관심이고, 경청하고 있다는 증거이기 때문에 상대는 마음을 열고 말하는 것에 대한 거부감을 없앨 수 있다.

넷째, **말하는 사람이 대화에 집중하게 한다.** 질문에 올바른 대답을 하기 위해서는 질문하는 사람의 질문에 집중해야 하기 때문이다.

다섯째, 질문 받는 사람의 생각을 자극하게 함으로써 **스스로 답을 찾게 한다.** 질문을 받은 사람은 질문에 대하여 올바르거나 적절한 대답을 하기 위해서 생각하게 된다. 생각할 수 있는 자극은 새롭게 무언가를 발견하거나 깨닫게 한다.

여섯째, **답변에 대한 책임을 지게 된다.** 질문에 대한 답변을 하게 되면, 스스로가 답변한 내용에 대해 책임을 져야 하는 의무감이 생긴다.

이렇듯 질문이 가진 많은 효과가 있음에 불구하고 질문할 때 주의할 점도 있다.

첫째, 장황하게 기계적으로 **질문 위주**로만 대화를 하는 것이다. 이럴 경우 상대방은 자신이 너무 많은 이야기를 하는 것 아닌가 하는 불편한 생각을 하게 된다. 한마디로 취조당하는 느낌이 들 수 있다.

둘째, **단답형 중심**으로 질문하는 것이다. 이 질문은 대화의 흐름을 끊고 분위기를 다운시킨다. 물론 단답형을 완전히 배제할 수는 없다. 단답형 질문은 생각을 자극하거나 대화를 주도하는 등의 질문의 유용한 효과를 내는 데는 도움이 되지 않지만, 정보나 사실 파악에는 유용하다.

셋째, **부정적인 질문**이다. '코끼리를 생각하지 마라'고 하면 코끼리만 생각하게 된다. 마찬가지로 부정적인 단어나 비난하는 듯한 질문은 질문 자체에 집중하지 못하고 부정적 단어나 비난에 집중하게 되면서 부정적인 감정 상태에 빠지게 만든다.

넷째, **유도 질문**이다. 질문자가 유도 질문이라는 것을 알아차리는 순간 상대방은 대화를 회피하고, 대답을 거부하게 된다. 당연히 질문하는 사람을 신뢰하지 않게 된다.

다섯째, **무의미하고 의도가 불분명한 질문**이다. 이 경우 상대방은 자신의 귀중한 시간을 허비한다는 느낌이 들면서 대화에 집중하지 못하고, 스트레스를 받게 된다.

Chapter.7

코칭에서의 질문 기법

　　팀장으로서 팀원이 가지고 있는 문제(과제) 해결을 위한 코칭 질문법을 소개하고자 한다. 다음의 코칭 질문은 대화의 기본 순서이지만 상황에 따라 적용하면 된다. ① 대화 주제와 목적 확인을 위한 질문을 한다.(Object_주제와 목적) ② 관련된 정보를 수집하여 상황 파악을 위한 질문을 한다.(Situation_상황) ③ 장애요인과 대응방법들을 알아보기 위한 질문을 한다.(Hurdle_문제와 대응) ④ 팀원의 감정을 이완시키기 위한 질문을 한다.(Emotion_감정) ⑤ 문제해결에 집중할 수 있도록 동기 부여 질문을 한다.(Motivation_동기부여) 이것을 OSHEM(Object_주제와 목적, Situation_상황, Hurdle_문제와 대응, Emotion_감정, Motivation_동기부여)이라 하겠다.

① 대화 주제 및 목적 확인을 위한 질문(Object)

대화 주제나 목적을 확인하는 것은 대화 방향을 잡기 위한 것이다. 이 질문으로 팀원이 무엇을 이야기하려고 하는지 알 수 있다. 이때 팀장은 팀원이 대화에 보다 적극적으로 임할 수 있도록 주제나 목적이 중요하고 가치가 있다는 의미전달을 하면 더욱 좋다.

- 대화하고자 하는 주제 / 목적은 무엇입니까?
- 대화에서 얻고자 하는 것이 무엇입니까?
- 기대하거나 생각하고 있는 결과물은 무엇입니까?
- 이 주제는 정말 중요한 사안이라고 생각합니다.

② 상황 파악을 위한 질문(Situation)

상황 파악 질문은 누가, 언제, 어디서, 무엇을, 어떻게, 왜와 같은 육하원칙을 기반으로 한다. 이 질문으로 유효한 정보를 수집할 수 있다. 가능한 많은 정보를 취합할수록 현상을 올바로 파악할 수 있다. 주제와 관련된 상황을 파악하기 위해서는 사외정보를 비롯해서 사내정보나 팀원의 상황 등을 파악하도록 한다.

- 외부 상황: 이 주제와 관련한 외부(고객, 경쟁사 등) 상황은
  어떠합니까?
- 내부 상황: 이 주제와 관련한 당신 / 팀의 상황은 어떠합니까?
- 조직적 상황: 이 주제와 관련한 조직적(유관부서, 유관부서
  담당자 등) 상황은 어떠합니까?

③ 문제해결을 위한 질문(Hurdle)

문제해결을 위한 질문은 달성해야 할 과제와 관련되어 얽혀 있는 여러 장애 요소들을 알아내고 이를 해결할 수 있는 방법을 함께 찾는 것이다. 만일, 이 단계에서 일방의 주장으로만 대화가 주도된다면 미처 보지 못한 여러 해결 방법들을 찾는 데 실패할 확률이 높다. 그렇기 때문에 이 단계에서 가장 치열한 대화 상황이 발생하고, 갈등도 주로 이 단계에서 발생하지만 해결방안도 도출할 수 있게 된다.

- 이와 관련해서 방해나 장애요소는 무엇이 있습니까?
- 다른 사람은 이 문제를 어떻게 바라봅니까?
- 당신이 할 수 있는 것들은 무엇이 있습니까?
- 반대로 한다면 어떤 방법이 있습니까?
- 이 문제를 해결하는데 도움을 줄 수 있는 사람은 누구입니까?
- 우리가 경험하지 못한 새로운 방법들은 어떤 것들이 있습니까?
- 과거에 경험한 것 중 적용할 만한 것은 무엇이 있습니까?
- ○○에게 어떤 도움을 요청할 수 있습니까?

④ 감정이완을 위한 질문(Emotion)

팀장과 팀원이 차분한 분위기에서 합리적이고 이성적으로 대화를 이끌어간다고 해도 팀원의 입장에서는 상황에 따라 실망, 분함, 답답함 등의 감정을 느낄 수 있다. 그렇기 때문에 팀장은 팀원의 감정 상태를 회복시켜줘야 한다. 부정적인 감정 상태로는 업무추진에 있어서 열정적인 자세를 갖기가 어렵다. 그러기 위해서 팀원을 지지, 인정, 칭찬, 공감, 격려해 줄 수 있도록 이 또한 질문으로 확인할 수 있다.

- 당신은 분명히 이 일을 잘 해낼 거라 믿습니다. 당신 생각은 어떤가요?

- 대화에 적극적으로 임해주어서 고맙습니다. 그런데, 혹시 다른 의견이 있으면 말씀해 주겠습니까?

- 우리의 대화가 비교적 성공적이라 생각이 드는데 당신의 생각은 어떻습니까?

- 당신이 이것을 위해 많은 수고를 한 것을 알고 있습니다. 당신의 생각과 다소 다른 부분들이 있는데 혹시 이것에 대해 추가로 말해 줄 것이 있습니까?

- 대화하는 동안 혹시라도 불편한 생각이 들지 않았을까 걱정이 됩니다. 혹시 말씀해 주실 수 있습니까?

⑤ 동기부여를 위한 질문(Motivation)

사람은 어떤 것에 대한 가치나 의미를 깨달았을 때 자발적이고 적극적으로 행동한다. 그렇기 때문에 마무리 단계에서 팀장은 팀원에게 힘을 실어주는 일의 가치, 목표 달성 시의 신나는 모습 등을 떠올릴 수 있는 질문을 하는 것이 좋다.

- 이 일이 잘 마무리된다면 당신에게 어떤 좋은 점이 있습니까?

- 이 일은 당신에게 어떤 의미가 있습니까?

– 이 일이 마무리된다면 당신 기분은 어떨까요?

– 이 일로 인해 어떤 기적 같은 일을 기대합니까?

– 이 일에 대한 성과를 무엇을 보고 알 수 있습니까?

– 이 일이 잘 마무리된다면 누가 가장 기뻐할까요?

※ 코칭 질문 시 금기사항:

– 형식이 질문형이라고 해서 모두 올바른 질문은 아니다.

취조하는 듯 계속되는 단답형의 폐쇄적 질문은 피하자.

㉠ 누가, 언제, 어디서, 무엇을, 어떻게, 왜, 했어? 안했어?

– 비난이나 질책으로 들리는 부정적인 질문

㉠ 그게 되겠어? 어째서 그게 가능하다고 생각할 수 있지? 누가 책임을 지겠어? 당신이 그렇게 한 것 아냐?

– 과거에 집착한 질문

㉠ 어째서 그렇게 했지? 이 상황이 어떤 이유로 생겼다고 생각하나? 전에 했던 것을 참고하긴 한 거야?

– 주제와 벗어난 질문

㉠ (영업실적 향상을 위한 토의를 하는 상황) 그런데, 김대리는 어제 왜 회식에 참석하지 않았지?

Chapter.8

코칭 대화 사례

안성실 차장은 신규 교육 프로그램 개발 업무를 담당하게 되었다. 그는 이 업무에 대하여 가치가 있다고 생각하고 있었고 어느 정도의 경험도 있었다. 그는 교육대상자인 현장의 관련자들을 만나 교육 요구조사, 관련 부서와의 업무협의 등을 진행했다. 그런 후, 그는 교육프로그램 개발 방향과 콘텐츠에 대하여 내용을 정리한 후 팀장에게 1차 중간보고 겸 내용을 협의하기 위해 팀장을 찾았다. 팀장은 그가 작성해 온 문서를 보며 교육의 목적, 대상, 운영 방법, 주요 교육내용 등을 함께 검토했다.

● **대화 주제 및 목적 및 내용 확인을 위한 질문(Object)**

안성실 차장이 팀장에게 보고를 위해 찾아온다.

차장: 팀장님, 신규 교육 프로그램 개발과 관련해서 중간보고를 드리고자

합니다.

팀장: 그래. 어서와. 신규 교육 프로그램 개발 관련 중간보고라고?

차장: 예.

팀장: 그래. 우리로서는 대단히 중요한 내용들이지. 오늘 미팅에서 우리가 어떤 결과를 내야 하는 거지?

차장: 네. 교육 프로그램 개발 방향과 프로그램 콘텐츠, 그리고 운영 방법에 대해 내용 정리를 해야 합니다.

팀장: 그래. 나도 이 일이 대단히 중요하다고 생각해. 어떻게 하면 좋은 결과를 도출할 수 있을까?

차장: 교육생이나 현장의 입장에서 내용을 검토하는 게 중요할 것 같은데 팀장님은 어떻게 생각하십니까?

팀장: 그래. 아주 좋은 생각인 것 같네. 역시 훌륭해.

미팅의 주제나 목적을 확인하고 팀장의 기대감을 표현하고 대화 방향에 대해 동의를 끌어냄으로써 팀원이 대화에 더욱 집중할 수 있도록 유도한다.

● 상황 파악을 위한 질문(Situation)

안성실 차장이 팀장에게 전체적으로 내용을 보고한다.

차장: 먼저 전체적으로 말씀드리겠습니다. 먼저 개발 방향은~ (중략) 이상 입니다.

팀장: 그래, 수고 많았어. 내용에 대해서 잘 들었어. 이 기획을 위해 사전에 어떤 일들을 했지?

차장: 현장 사전 조사를 바탕으로 기획을 했습니다.

팀장: 그렇군. 현장에서는 어떤 정보를 얻었어?

차장: 네, 먼저 이번 교육개발에 대해 관심과 요구가 많다는 걸 알 수 있었습니다. 그리고 현장에서 필요로 하는 교육 콘텐츠에 대한 의견도 들을 수 있었습니다.

팀장: 그렇군. 현장을 다녀오길 정말 잘했어. 구체적으로 어떤 콘텐츠를 요구했어?

차장: 의견은 다양하게 있었지만, 주로 고객접근용 전화 스크립트에 대한 요구가 가장 많았습니다.

팀장: 아. 역시 그랬군. 운영한다고 했을 때 우리가 고려해야 할 점에 대한 의견은 없었나?

차장: 영업 활동 시간을 내어 교육을 해야 하기 때문에 운영시간에 대한 조정을 잘 해주기를 원했습니다.

팀장: 그래. 우리가 교육콘텐츠와 운영방법에 대해서 깊이 있게 이야기를 해야겠네.

상황 파악을 위해서 가능한 많은 정보가 확보될 수 있는 질문을 한다. 이 과정에서 팀원이 노력한 부분이 보일 때는 중간 중간 칭찬과 격려를 하면 대화 분위기를 좀 더 유연하게 끌어갈 수 있다. 이 단계에서는 아직 갈등이 표출되지는 않는다.

● 문제해결을 위한 질문(Hurdle)

안성실 차장이 기획한 전체 내용을 공유한 팀장은 몇 가지 조정이 필요한 내용을 발견한다.

팀장: 혹시, 설명한 내용들 중에서 현장에서 요구한 내용과 불일치한 점은 없나?

차장: 사실 교육 시간에 비해 콘텐츠가 많을 것 같습니다.

팀장: 또 다른 부분에서는 어때?

차장: 글쎄요.

팀장: 그렇군. 그럼 교육 시간에 비해 콘텐츠가 많은 점에 대한 해결방안은 생각해 보았나?

차장: 일단, 현장에는 모든 콘텐츠를 제시하고 꼭 필요한 것만 선택하게 하면 어떨까 생각하고 있습니다.

팀장: 그랬을 때 예상되는 문제점이 있을 것 같은데 안 차장은 어떻게 생각해?

차장: 글쎄요. 그 점에 대해서 예상되는 문제점은 없을 것 같습니다.

팀장: 현장의 관리자들은 이 부분에 대해 어떤 의견이 있을 것 같아?

차장: 일부 교육받지 못하는 부분에 대해서 불만이 있을 수도 있을 것 같습니다.

팀장: 나도 그 부분을 해결할 점이라 생각해. 예상되는 그 불만을 해결할만한 방법을 생각해 볼 필요가 있을 것 같은데, 안 차장은 어떻게 생각해? 혹시, 해당 부서와 협의해보면 도움이 되지 않을까?

차장: 무슨 말씀인지 알겠습니다. 이 부분은 다시 검토하겠습니다.

본격적으로 문제해결을 위한 과정에 돌입하면서 의견 제시나 의사결정을 해야 하는 상황이 되면 팀장이나 팀원 간의 갈등이 발생하게 된다. 문제점이라고 발견한 것에 대해 팀장이 문제 자체를 지적하거나 잘못됐다는 식의 일방적 소통이 아닌 질문을 통해 해결방법을 팀원 스스로 생각하게 할 수 있게 해야 한다. 대화 중에 어떤 사안에 대한 팀장의 일방적 주장이나 지적은 팀원에게 심리적으로 불안, 허탈감, 반감 등을 일으킬 수 있다. 이때 팀원은 자기 방어 차원에서 강한 주장을 하거나 회피를 할 수 있다. 팀장도 인간인지라 강요하는 듯한 말투나 높은 목소리 톤으로 말하게 되는 위험에 빠질 수 있고 이런 과정에서 팀원은 마음의 상처를 받을 수 있다.

● 감정이완을 위한 질문(Emotion)

팀장과 안성실 차장은 장시간에 걸쳐 의견을 교환했다. 팀장은 최대한 질문을 통해 안성실 차장 스스로가 깨닫기를 바랐지만 갑론을박도 있었다. 마침내 팀장과 안성실 차장은 어느 정도 교육 프로그램 개발과 운영에 대한 전반적인 부분에 대해 합의에 다다랐다.

팀장: 안 차장. 오랜만에 진지하고 장시간에 걸쳐 토의를 했네. 그래도 어느 정도 내용에 대해서 전반적으로 합의가 이뤄진 것 같은데?

차장: 그러게 말입니다.

팀장: 혹시, 안 차장이 열심히 준비하고 기획한 내용들이 일부 수정이 되어 실망한 건 아닌가 모르겠네?

차장: 사실, 조금 전까지 말씀드린 몇 가지 내용에 대한 저의 생각은 아직

　　도 아쉬운 부분이 있지만 팀장님의 생각에 이제는 동의가 됩니다.

팀장: 그랬군. 나도 안 차장의 의견에는 동의가 돼. 그리고, 안 차장이 말한

　　그 부분에 대해서 동의가 된다니 고맙게 생각해.

차장: 아닙니다. 생각해 보니 팀장님이 문제 제기를 하셨던 부분은 확실히

　　재검토가 필요했던 것 같습니다.

어렵게 문제해결 과정을 거치면서 팀원이 상처받을 수 있는 부분까지 섬세하게 터치한다는 것은 매우 훌륭한 대화 과정이다. 대화 중 사과할 일, 감사할 일, 칭찬할 일 등의 장면을 떠올리고 솔직하고 진정성 있게 팀원의 감정을 이완시키는 것이 중요하다.

● 동기부여를 위한 질문 (Motivation)

안성실 차장은 장시간에 걸친 팀장과의 토의를 통해 마음의 상처도 입었지만 팀장의 배려에 마음을 진정시킬 수 있었다. 그리고 팀장은 안성실 차장이 훌륭히 업무를 수행하기를 기대하며 마지막으로 동기부여를 하고자 한다.

팀장: 그래. 고마워. 우리가 일에 대한 열정이 남다른 것 같지 않아? 하하

차장: 하하. 그러게요.

팀장: 그래. 나도 열심히 도울게. 그나저나 이번 업무가 안 차장에게 어떤

　　도움이나 가치가 있는지 궁금해. 안 차장은 어떻게 생각해?

차장: 음. 사실 저도 이번 신규 교육 프로그램 개발을 맡게 되어 기분이 좋습니다. 경험도 쌓고, 무엇보다 현장의 영업 가족들에게 도움을 줄 수 있는 프로그램이다 보니 할 맛이 납니다.

팀장: 그렇군. 다행이네. 우리 회사에서 이런 프로그램이 없었기 때문에 안 차장이 만들어 내면 최초가 될 거야. 안 차장의 말처럼 무엇보다 현장 영업에 많은 도움이 될 거야.

차장: 하하. 생각해보니 그러네요. 멋지게 만들어보겠습니다. 앞으로도 팀장님께서 많이 도와주시면 고맙겠습니다.

팀장: 알았어. 안 차장 기대할게. 나도 열심히 도와줄게.

대화의 마무리 단계에서 팀장이 팀원에게 선물할 것은 동기다. 팀장의 따뜻하고 섬세한 마음에는 감사하게 생각하는 마음과 함께 자신이 맡은 업무에 대해 가치를 느낀다면 팀원은 보다 적극적으로 업무에 몰입할 수 있게 된다.

이처럼 팀장은 자주 팀원들과 여러 형태의 업무 대화를 하게 된다. 대화 중에 서로의 감정이 그대로 드러나는 경우도 있다. 이럴 때 팀장은 리더로서 평정심을 찾고 대화를 이끌어야 한다. 대화 중 팀장이 언성을 높이며 비판이나 질타를 일삼는다면 팀원은 완전히 무장해제 되어 대화 의지나 업무 의욕은 완전 방전 상태가 된다. 이것이 코칭에서 경청과 질문을 핵심으로 보는 이유이다.

Role 4:
의견 게시자
(Feed-backer)

Part VI

뛰어난 팀은 서로 감추지 않습니다.
치부를 드러내길 꺼리지 않습니다. 비난을 두려워하지 않고
자신의 실수, 약점, 걱정을 인정합니다.

- 패트릭 렌시오니Patrick Lencioni

Chapter.1

피드백커(Feed-backer)

피드백이란 말은 많이 들었지만 피드백커Feed-backer란 말은 다소 생
경할 수 있다. **피드백커**Feed-backer란 인터넷 사이트나 웹에 자신의 의
견을 게시하는 사람을 의미한다. 좀 더 이해하기 쉬운 말로 하자면
피드백은 '댓글', 피드백커는 '댓글을 다는 사람'이라 할 수 있다. **피
드백**Feed-back의 사전적 의미는 Feed(먹이다)와 Back(되돌리다)의 합
성어다. 정보/통신 분야에서의 의미는 '입력과 출력을 갖춘 시스템
에서 출력에 의하여 입력을 변화시키는 일'을 말한다. 다시 말해, 행
위(입력)에 따른 결과(출력)를 보고 지향하는 결과(출력)를 위해 다
시 행위(입력)를 변화시킨다는 것이다. 팀 내에서 팀원에 대한 팀장
의 피드백은 팀원에게 역량이나 태도 측면에서의 성장뿐 아니라 팀
성과에 직접적인 영향을 미친다. 그렇기 때문에, 팀장은 피드백커로
서 팀원에 대한 피드백을 올바르고 충실히 이행해야 한다.

피드백은 세 가지의 다른 말로 이해할 수 있다.

첫째, **'관심'**이다. 피드백 유형에도 나오지만 하나 마나한 피드백이더라도 아무런 피드백을 받지 못하는 것보다는 나을 것이다. 예를 들어 아내가 머리를 예쁘게 미용했는데 남편이 어떠한 반응도 없다면 아내는 화가 난다. 예쁘다거나, 조금 짧다거나, 너무 파마가 심하게 된 것 같다거나 등의 반응이라도 있으면 최소한 관심을 보인 것이다. 아내는 남편이 작은 관심만으로도 보이면 더 예쁜 머리를 하려 할 것이다. 관심은 사람을 성장시키고, 행복감을 느끼게 하고, 용기를 주며, 에너지를 충전해 준다.

둘째, **'복기'**이다. 바둑에서 어떤 수를 두었는지 한 수 한 수를 되돌아보며 승패의 원인을 찾아보는 일이다. 복기는 더 좋은 수, 실수했던 수, 보지 못한 수 등 여러 수를 객관적으로 살펴볼 수 있게 한다. 피드백도 팀원이 수행하고 있는 것들에 대해 객관적으로 들여다볼 기회를 제공해 준다.

셋째, **'훈수'**이다. 바둑이나 장기에서 플레이어는 옆에서 판을 지켜보는 사람보다 판세나 길을 보지 못하는 경우가 종종 있다. 이때 옆에서 '한 수'를 가르쳐 주면 플레이어는 무릎을 '탁!'하고 친다. '이렇게 해보는 것은 어때?', '다른 방법은 없을까?'와 같이 한 번 더 생각하게 하는 계기를 마련해 준다.

이처럼 팀원에 대한 팀장의 피드백은 팀원과 팀의 성과에 크게 영향을 미친다. 피드백과 관련해서 《일의 99%는 피드백이다》(더글라스 스톤, 쉴라 힌)라는 책 제목이 있을 정도이니 얼마나 중요한지 짐작할 수 있다.

Chapter.2

사람 잡는 악플러

　사람 잡는 악플러가 있다. 앞서 피드백을 '댓글'에 비유하였다. '댓글'은 원문을 올린 사람에게 좋은 측면이든 나쁜 측면이든 간에 강력한 영향을 미친다. 이 중에서 나쁜 측면에서의 댓글, 일명 '악성 댓글'은 사회적인 문제가 되기도 한다. '말로 사람 잡는다.', '몸의 상처는 시간 지나면 낫지만 마음의 상처는 지워지지 않는다.'는 등의 이야기는 말이란 것이 얼마나 무서운지를 알게 한다. 안타깝게도 유명 연예인 등이 종종 악성 댓글로 극단적 선택을 했다는 소식들은 그것을 반증하고 있다. 이렇듯 악성 댓글은 피해자의 자존감에 크나큰 상처를 주는 가혹한 언어적 폭력이다. 이런 악성 댓글에 집착하는 사람들을 '악플러'라고 한다. '악플러'들은 다음과 같은 나쁜 특징이 있다.

　충동적이다. 그렇기 때문에 공격적 표현을 쓰고, 구체적이기보다 피상적으로 비판한다. 생각나는 대로 말하기 때문에 무엇을 비판하는지 내용이 불분명하다. 상대의 감정 따위는 신경 쓰지 않음으로 인격적 모독을 서슴지 않는다. 자신의 스트레스를 풀기 위한 수단으로써 사실 여부와 상관없이 화풀이 대상으로 여긴다. 편파적이어서 전체적인 내용을 이해하려는 노력을 하지 않고 일부분에 대해 꼬리 잡고 늘어진다. 이처럼 팀장이 팀원들에게 '악플러'가 되어서는 팀장 자격이 없다. 팀장이라는 지위를 이용해 피드백의 장場을 화풀이의 장場으로 변질시키는 경우가 많다. 야생마 엔딩ending이란 말이 있다. 흡혈박쥐가 야생마의 매우 적은 량의 피를 빨아 먹음에도 불구하고 야생마가 목숨을 잃는다는 이야기이다. 생명에는 전혀 지장이 없을 만큼의 피를 빨렸음에도 말이 죽는 이유는 말이 화를 참지 못해 죽는다는 것이다. 팀장은 종종 피드백 과정에서 흡혈박쥐에 물린 야생마가 되는 경우가 적지 않다. 사람 잡는 댓글처럼 팀원 잡는 악플러가 되어서든 안 된다. 그러기 위해서는 다음과 같은 피드백 성공요건을 지킬 수 있어야 한다.

피드백은 몇 가지 특징이 있다. 첫째, 피드백 대상은 항상 과거의 것이다. 직전까지의 성과, 결과, 산출물, 진행상황 등 모두 과거의 것이 피드백 대상이다. 둘째, 피드백 대상을 평가한다는 것이다. 업무성과의 양적/질적 달성 수준이나 진행 상황 등에 대한 평가나 판단이 개입된다. 셋째, 인정과 칭찬은 중요한 요소이다. 과거를 평가하다보면 팀원의 사기를 꺾는 말을 할 확률이 매우 높다. 비록 과거를 평가하는 상황이더라도 팀장은 인정과 칭찬을 통해 격려를 할 수 있어야 한다.

올바른 피드백을 위한 몇 가지 유념할 점들은 피드백을 보다 효과적으로 하는데 도움을 줄 것이다.

첫째, **내용을 가능한 한 많이 숙지**하는 것이다. 내용을 모르고서는 충실한 피드백을 기대하기 어렵다. 내용 숙지가 안 된 상태에서는 팀원의 생각에 이끌려갈 위험이 높거나 잘못된 피드백을 할 수 있다.

둘째, **적절한 타이밍**이다. 업무수행 내용에 따라 팀장이 언제부터 관여할지를 생각해야 한다. 업무수행 내용의 난이도, 중요도, 긴급도 등을 고려하여 업무 초반부터 관여할지, 중간시점에 할지, 아니면 마무리 단계에서 간단히 할지 등을 생각해야 한다.

셋째, 가능한 **일대일 피드백**을 하는 것이다. 상황에 따라 지적 등의 부정적 피드백을 할 수 있기 때문이다. 부정적 피드백을 다른 팀원이 있는 곳에서 한다는 것은 바람직하지 않다.

넷째, **직접적이고 구체적**으로 말하는 것이다. 예를 들어, '당신은 소극적인 것 같다.'라고 하면 너무 광범위해서 무엇을 말하는지 모르고, 빙빙 돌려 이야기를 하다보면 오히려 인신공격을 당한다는 생각이 들 수도 있다. '소극적인 것 같다'라는 것보다 '그렇게 보이게 한 행동' 중심으로 말하는 것이 효과적이다.

다섯째, **객관적 사실**에 대해서만 말한다. 팀장이 가정하거나 추정하여 없는 사실을 끌어와서는 안 된다.

여섯째, **새로운 시각이나 방향**을 제시한다. 팀원에게 질문으로 이끌어낼 수도 있지만 경우에 따라서는 팀장이 방향을 제시할 수 있다.

일곱째, 잘못된 정보를 **수정**하거나 빠진 내용을 **보충**해준다.

여덟째, 앞서 말한 **인정, 공감, 칭찬**이다. 만족한 결과물들이 아니더라도 팀원의 사기를 북돋아 주기 위해서 반드시 필요하다.

성공적인 피드백은 팀원이 새로운 것을 알게 하거나, 깨닫거나, 인정받거나, 칭찬받거나, 문제점을 발견하고 개선방법을 찾게 하거나 하는 등의 생산적인 결과로 마무리되어야 한다. 무엇인가 시원하지 않거나, 기분이 상하거나, 화가 나거나, 주눅이 들거나 하는 전혀 생산적이지 못하고 마이너스적인 결과로 마무리되어서는 안된다.

Chapter.3

학대적인/무의미한 피드백

학대적이거나 무의미한 피드백은 팀장이나 팀원 모두에게 상처만 남게 된다. 무관심보다야 나을 수 있겠지만 이런 식으로 피드백을 받는 입장의 팀원을 생각한다면, 팀장은 이러한 피드백을 반드시 피해야 한다.

● 예시 상황

안성실 차장은 신규 교육 프로그램 개발 업무를 담당하게 되었다. 그는 이 업무에 대하여 가치가 있다고 생각하고 있었고 어느 정도의 경험도 있었다. 그는 교육대상자인 현장의 관련자들을 만나 사전 교육 요구조사와 관련 부서와의 업무협의 등을 진행했다. 그리고 그는 1차적으로 교육 프로그램 개발 방향과 콘텐츠에 대하여 내용을 정리한 후 중간보고 겸 협의를 위해 팀장을 찾았다. 팀장은 그가 작성해 온 문서를 보며 교육의 목적, 대상, 운영방법, 주요 교육내용 등을 함께 검토했다.

● 학대적인 피드백 예시

차장: 팀장님, 신규 교육 프로그램 개발과 관련해서 중간보고를 드리고자 합니다.

팀장: 그래. 한번 들어볼까.

차장: 네. (중략) 이상 제가 기획한 신규 교육 프로그램 개발 방향과 프로그램 콘텐츠와 운영 방법에 대한 내용입니다.

팀장: 안 차장. 이 건에 대해 얼마나 생각하고 작성한 거야?

차장: 지난주 동안 현장조사와 유관부서 협의를 1차로 거쳤습니다.

팀장: 안 차장이 말하는 이 교육 콘텐츠와 운영 방법이 맞다고 생각해? 난 안 차장이 지난 일주일 동안 생각한 게 고작 이 정도란 것이 도저히 믿겨지지가 않아.

차장: 죄송합니다. 팀장님 의견을 말씀해 주시면 참고해서 다시 검토하겠습니다.

팀장: 아니. 여기가 무슨 학교야? 틀린 거 수정해 주고 답 가르쳐 주는 곳이냐고?

차장: 죄송합니다.

팀장: 맘에 드는 구석을 찾아보기가 어려워. 콘텐츠도 그렇고 운영 방법은 더 그렇고.

차장: 죄송합니다.

팀장: 아니, 도대체 일할 때 무슨 생각으로 하는 거야. 아니 생각을 하기는 하는 거야?

이 정도라면 안 차장은 이와 같은 학대적인 피드백의 늪에서 빠져나오기가 불가능할 것이다. 현실적으로 이런 사례가 없다고 할 수 없다. 안타깝게도 이런 경우의 피드백을 하는 팀장은 자신이 누구보다 일에 대한 열정이나 경험이 많고, 팀원을 사랑하는 마음이 있기 때문이라고 착각하는 경우가 많다. 어쩌면 아무런 피드백조차 없는 것에 비해서는 일견 인정할 수도 있을 것이다. 그러나 '꽃으로도 때리지 말라'는 말이 있듯이, 이런 피드백으로 인해 마음에 깊은 상처를 받은 팀원은 팀장 눈치만 보며 퇴행적 태도를 가질 수밖에는 없다.

● **무의미한 피드백 예시**

차장: 팀장님, 신규 교육 프로그램 개발과 관련해서 중간보고를 드리고자 합니다.

팀장: 그래. 한번 들어볼까.

차장: 네. (중략) 이상 제가 기획한 신규 교육 프로그램 개발 방향과 프로그램 콘텐츠와 운영 방법에 대한 내용입니다.

팀장: 음. 그래. 잘 했네.

차장: 지난주 동안 현장조사와 유관부서 협의를 한 내용입니다.

팀장: 그래? 잘 준비했네.

차장: 감사합니다. 팀장님, 혹시 다른 의견이 있으시면 말씀해 주시면 참고하겠습니다.

팀장: 글쎄, 뭐. 이 정도면 대충 되지 않을까?

차장: 현장에서는 콘텐츠는 좋은데 운영 방법에 대해 조정이 필요하지 않

을까 하는 말들도 있습니다.

팀장: 아냐. 아냐. 현장이 뭘 안다고. 이 정도면 된 거 아냐? 나보다 안 차장

이 전문가잖아.

차장: 예, 알겠습니다. 그럼 이대로 준비하겠습니다.

팀장: 그래. 잘 해봐.

이러한 무의미하고 무성의한 피드백은 어쩌면 학대적 피드백만큼이나 리더십에 치명적으로 악영향을 미친다. 팀원에 대해서나 업무에 대해서 '나는 관심 없다.'는 태도를 적극적으로 알리는 꼴이다. 팀장에 대한 신뢰 추락은 물론 열정을 느끼지 못하기 때문에 팀원은 자신감 있게 일을 추진하기 어려워지고 추진하면서도 확신을 가질 수 없게 된다. 팀장이 관심을 두지 않는 업무에 대해서는 '해봐야 아무도 알아주지 않아.'라는 생각이 들기 마련이다.

Chapter. 4

교정적/지지적 피드백

'교정적 피드백'과 '지지적 피드백'은 앞의 학대적이거나 무의한 피드백에 비하면 팀장의 매우 헌신적인 노력과 배려심이 요구되는 바람직한 피드백이다.

● **교정적 피드백 예시**

차장: 팀장님, 신규 교육 프로그램 개발과 관련해서 중간보고를 드리고자 합니다.

팀장: 그래. 같이 한번 볼까.

차장: 네. (중략) 이상 제가 기획한 신규 교육 프로그램 개발 방향과 프로그램 콘텐츠와 운영 방법에 대한 내용입니다.

팀장: 음. 그래. 잘 했네.

차장: 지난주 동안 현장조사와 유관부서 협의를 한 내용입니다.

팀장: 사전 조사나 협의에서 어떤 내용들을 파악할 수 있었어?

차장: 교육 콘텐츠와 운영 방법에 대한 의견을 들을 수 있었습니다.

팀장: 그래? 현장에서 좋은 의견을 듣고 왔다니 참 잘했어. 안 차장이 작성한 콘텐츠와 운영 방법에 대해서는 조정이나 추가 검토가 필요한 것은 없을까?

차장: 콘텐츠 구성은 무난할 것 같은데 운영 방법에 대해 조정이 필요하지 않을까 하는 생각이 듭니다.

팀장: 그래. 나도 그 부분을 좀 더 검토할 필요가 있지 않을까 생각했는데. 안 차장도 그렇게 생각한다니 다행이네. 역시 대단해. 그럼 이 부분에 대해서 좀 더 이야기해보자고.

차장: 하하. 알겠습니다. 팀장님 의견을 먼저 들어보고 싶습니다.

팀장: 그래. 내 생각에는 말이지~

교정적 피드백은 필요에 따라서 해야 한다. 교정적 피드백은 팀장과 팀원 간의 업무 추진 방향이나 내용 등에 대한 합의와 공감을 끌어내는 데 도움이 된다. 그러나 교정적 피드백은 자칫 학대적 피드백으로 변질될 수 있음을 유의해야 한다. 교정적 피드백을 한다고 칭찬이나 질문 등을 통해 순조롭게 하더라도 팀원은 자신의 결과물에 대한 비판 아닌 비판을 듣게 되면 감정이 상할 수 있다. 팀원의 이런 감정 변화로 변명, 자기 합리화, 얼굴 표정 변화 등을 보인다면 팀장 입장에서도 감정이 상할 수 있고, 이것은 자칫 학대적 피드백으로 변질될 수 있기 때문이다.

● 지지적 피드백 예시

차장: 팀장님, 신규 교육 프로그램 개발과 관련해서 중간보고를 드리고자 합니다.

팀장: 그래. 같이 한번 볼까.

차장: 네. (중략) 이상 제가 기획한 신규 교육 프로그램 개발 방향과 프로그램 콘텐츠와 운영 방법에 대한 내용입니다.

팀장: 음. 그래. 잘 했네.

차장: 지난 주 동안 현장조사와 유관부서 협의를 한 내용입니다.

팀장: 그랬군. 전체 내용 중에서 수정하거나 보완이 필요한 부분이 무어라 생각해?

차장: 교육 콘텐츠와 운영방법에 대해 아직 확실하게 내용을 도출하지 못 했습니다.

팀장: 그래? 하지만 무엇보다 현장요구를 잘 파악한 것 같아. 그리고 이 정도의 내용이라면 나하고 지금부터 이야기하다 보면 좋은 결과를 낼 수 있을 것 같아. 특히, 아직 완벽하지 않을지 모르지만 이 부분의 아이디어는 꽤 참신한 것 같아. 현장에서 매우 좋아할 것 같아.

차장: 하하. 감사합니다. 팀장님이 그렇게 말씀해 주시니 기분이 좋습니다.

팀장: 하하. 안 차장이 기분이 좋다고 하니 나도 기분이 좋아.

지지적 피드백은 팀원이 주눅 들지 않고 대화에 솔직하게 임하게 하고 대화 분위기를 좋게 만든다. 다만, 지지적 피드백을 함과 동시에 필요에 따라 교정적 피드백도 할 수 있어야 한다. 지지적 피드백은 칭찬이나 인정이 핵심이고, 팀원의 노력이나 탁월함을 상징할 수 있는 표현들을 쓰면 더욱 효과적이다.

Chapter.5

탁월함과 칭찬

탁월함의 사전적 의미는 남보다 두드러지게 뛰어난 것을 말한다. 《탁월함이란 무엇인가: 누구나 탁월함에 이르게 하는 조건과 도구들》에서 저자 이재영은 탁월함을 '일등을 넘어서 어떤 위대한 것', '상대적 비교 우위가 아닌 절대적 가치에 도전하는 것'이라고 했다. 또한, 독일의 자기계발 전문가 도리스 메르틴Doris Martin의 책《엑셀런스》에서는 탁월함이란 '더 나아지려는 투지와 습관', '오늘의 상태를 뛰어넘어 더 성장하려는 노력이고 특정 상태가 아니라 최정상에 가까워지려는 의지 그 자체'라고 정의했다. 피드백에서 '탁월함'을 들고 나온 것은 이와 같은 탁월함의 정의에 대해 공감할 이유가 있기 때문이다.

팀원이 수행하는 어떠한 것들이 팀장의 눈높이에 만족되지 않는 경우는 종종 있을 수 있다. 그럼에도 불구하고, 팀장은 다소 부족해 보이는 팀원의 업무수행 과정이나 결과물에 대해서도 팀원 스스로는 좀 더 잘해보겠다는 의지가 담겨있다는 것을 인정할 필요가 있다. 팀장은 자신이 생각하는 기대치에 비해 성과 수준이 미달한다 하더라도 팀원이 더 성장할 수 있도록 지지해 주어야 한다. 이것이 성공한다면 팀원들은 보다 즐겁게 일할 수 있게 될 것이다. 그러기 위해서는 그들의 잠재력을 탁월함으로 끌어내주어야 한다. 그리고 자신이 탁월하다고 느끼게 할 수 있는 방법은 내적동기를 유발할 수 있게 하는 인정이나 칭찬과 같은 것이다. 칭찬은 팀원의 가치관, 열정, 성품, 강점, 과정과 성과 등 다양한 측면에서 칭찬할 수 있다.

● **가치관에 대한 칭찬**

· 훌륭한 가치관을 가지고 있군요.

· 참 의미 있는 일을 하고 있군요.

· 배움이 되는 철학을 가지고 있군요.

· 당신의 생각은 주변에 좋은 영향을 줄 것입니다.

· 당신의 팀에 대한 생각은 팀에 활력이 됩니다.

· 당신의 그러한 신념은 귀감이 됩니다.

● **열정에 대한 칭찬**

· 열정이 대단합니다.

· 프로정신이 정말 부럽습니다.

· 대단한 끈기와 인내력입니다.

· 자기계발을 위한 노력을 칭찬합니다.

· 당신의 헌신으로 성공할 수 있었습니다.

· 당신의 에너지 발산이 팀에 많은 도움이 됩니다.

● 성품에 대한 칭찬

· 참 겸손하신 것 같습니다.

· 항상 긍정적인 마인드는 우리를 힘나게 합니다.

· 성실한 모습은 모두에게 귀감이 됩니다.

· 온화하신 모습은 저희를 편하게 해줍니다.

· 포용해 주어서 감사합니다.

· 정의로운 모습은 우리를 올바른 길로 인도해 줍니다.

● 강점에 대한 칭찬

· 이 분야의 전문가이시군요.

· 창의적으로 생각하는 능력이 대단합니다.

· 통찰력이 누구보다 뛰어나시군요.

· 추진력이 상상을 초월합니다.

· 결단력이 있어서 참 좋습니다.

· 판단이 틀린 경우가 거의 없습니다.

● 과정과 성과에 대한 칭찬

· 이 일을 마치느라 수고가 많았습니다.

· 이 일이 진행되는 동안 보여준 노력에 박수를 보냅니다.

· 정말 최고의 성과입니다.

· 역시 당신은 탁월합니다.

  앞으로도 또 다른 좋은 성과가 기대됩니다.

· 노력은 결실을 맺는다는 것을 보여주었습니다.

Role 5: 촉진자 (Facilitator)

Part Ⅶ

인류의 100중의 99는 자명하지 않은 문제에 대해
제대로 판단할 능력이 없다. 그럼에도 불구하고
인류가 이성적으로 발전해 온 것은 자신의 잘못을
시정할 수 있는 인간 정신의 능력 때문이다.
옳은 생각이라 하더라도 자유롭고 열린 토론을 하지 않으면
살아있는 진리가 아니라 죽은 독단이 되고 만다.

- 존 스튜어트 밀John Stuart Mill

Chapter.1

집단사고(Group Think) vs 집단지성(Collective Intelligence)

해하전투垓下戰鬪. 이 전투는 《초한지》의 주인공인 유방과 항우 두 사람이 천하 패권을 두고 그들의 운명을 결정지은 마지막 전투였다. 초나라 귀족 출신의 항우와 패현 출신의 백수건달 유방은 8년 동안 전쟁을 치렀고, 항우는 백전백승의 일방적인 승리를 일궈나갔다. 천운은 항우에게 기우는 듯했다. 그러나 그들이 부하를 대하는 태도는 그들의 마지막 운명을 결정짓게 한다. 그것은 바로 부하에게 자신의 의견에 대한 동의만을 구하는 항우의 물음 '(내 생각이) 어떠냐何如?'와 부하에게 먼저 여러 의견을 묻는 유방의 물음 '어떻게 하지如何?'라는 태도의 차이였다.

유방에게 단 한 번의 패배도 허락하지 않았던 항우였지만, 항우는 유방의 참모가 제시한 술책에 걸려들어 패하고, 그 첫 패배는 항우의 종말을 맞이하게 했다.

항우와 같은 태도는 우리가 경험하는 조직에서 흔히 볼 수 있다. 사장단 회의에서는 회장이, 임원회에서는 사장이, 팀장 회의에서는 임원이, 팀원 회의에서는 팀장이. 이렇듯 리더가 회의의 주체가 되고 회의 참석자들은 주체의 입만 바라보는 상황은 조직 생활을 하는 사람이라면 익숙할 것이다.

1961년 케네디 대통령의 특별 자문 위원회는 만장일치로 쿠바에서 미국으로 탈출한 난민들을 훈련시켜 쿠바의 피그만Pig's Bay을 침공하자는 결정을 하였다. 그러나 그 작전은 실패하여 미국에 커다란 국가적 손실을 안기게 되는 큰 사건이 되고 말았다. 이를 계기로 1972년 미국의 사회심리학자 어빙 제니스Irving Janis는 **집단사고**Group Think개념을 주장했다. 집단사고란 응집력 있는 집단의 조직원들이 집단 내 의견일치를 유도하기 위하여 갈등을 회피하고, 비판적인 의견을 제시하지 않는 것을 의미한다. 어빙 제니스는 집단사고를 '응집력이 높은 집단의 사람들이 만장일치를 추진하기 위해 노력하며, 다른 사람들이 내놓은 생각들을 뒤엎으려고 노력하는 상태'로 규정했다. 또한, 집단사고가 이뤄지는 그룹에 속한 사람들은 외부의 생각을 차단함으로써 자신들이 편한 쪽으로 상황을 이끌어가려고 하고, 반대자들을 터부시한다고 했다. 그런 결과로 집단 사고는 조직이 불합리한 것을 경솔하게 결정하게 만든다고 했다.

한편, **집단지성**Collective Intelligence은 집단사고Group Think와 대치되는 개념이라 할 수 있다. 집단지성이란 다수의 사람들이 서로 협력 혹은 경쟁을 통하여 얻는 지적 능력에 의해 얻어진 집단적 능력을 말한다.

소수의 우수한 사람이나 전문가의 능력보다 다양성과 독립성을 가진 집단의 통합된 지성이 올바른 결론을 내리는데 더 유효하다는 주장이다. 이 개념은 미국의 곤충학자 윌리엄 모턴 휠러William Morton Wheeler가 1910년 출간한 《개미: 그들의 구조, 발달, 행동Ants : Their Structure, Development, and Behavior》에서 처음 제시하였다. 그는 개미가 공동체로서 협업하여 거대한 개미집을 만들어내는 것을 관찰할 수 있었고, 이를 근거로 한 마리의 개미의 의미는 미미하지만 군집하여서는 높은 지능체계를 형성한다고 설명하였다. 쉽게 말해 **시너지 효과**Synergy effect를 낸다는 것이다. 시너지 효과는 협업이나 협동으로 인한 상승효과를 말한다. 1+1은 2가 아니라 그 이상이 되는 것으로 링겔만 효과의 반대개념이라 할 수 있다. 이 둘의 공통점은 2인 이상의 사람이 모인다는 것이지만, 차이는 하나는 사람이 모이면 성과가 떨어지는 것(링겔만 효과)이고, 하나는 성과가 오른다는 것(시너지 효과)이다.

그렇다면 그 이유는 무엇일까? 조직에서 사람들은 언제 최선을 다할까? 그것은 앞에서도 말한 **자기 결정**Self Determine에 있다고 할 수 있다. 대부분의 사람은 자신의 의견이 반영되면 그것에 대한 주인의식과 책임감을 갖게 된다. 조직 속에서 자신의 존재감을 인식할 수 있게 된다면 본능적으로 자신의 실력을 발휘하려 노력하게 된다. 그렇기 때문에 팀장은 팀원들의 참여를 이끌어내고 참여를 통한 행동으로 팀 내 시너지를 극대화시키기 위한 노력에 집중해야 한다. 그 방법으로써 팀장은 팀 내 퍼실리테이터 역할을 성공적으로 수행할 필요가 있다.

Chapter.2

퍼실리테이션(Facilitation)이란

팀장으로서 팀에서 회의할 때의 상황을 상상해보자. 하나는 팀원들과 화기애애하게 소통은 잘 되는데 회의 목적을 달성하지 못하는 상황이 있을 수 있다. 이것은 즐거운 잡담의 시간이라 할 수 있다. 또 다른 하나는 소통은 잘 안 되지만 팀장이 목적하는 바를 달성하는 상황이 있을 수 있다. 이것은 팀장이 '답정너(답은 정해졌고 너는 대답만 하면 돼)'라 할 수 있다.

이 두 상황은 모두 팀원이 '도대체 나는 지금 여기서 무엇을 하고 있는 걸까?'하는 생각을 하게 한다. 이 때문에 리더의 필요 역량으로 퍼실리테이션이 지속적으로 강조되고 있는 이유이다. 퍼실리테이션에 대한 정의는 다음과 같다. '퍼실리테이션은 그룹의 구성원들이 효과적인 기법과 절차에 따라 적극적으로 참여하고, 상호작용을 촉진하여 목적을 달성하도록 돕는 활동을 말한다.(한국퍼실리테이터협회)', '집단이나 조직이 협업과 시너지를 창출하여 보다 효과적으로 일할 수 있도록 하는 과정, 이를 위하여 공정하고, 개방적이고, 참여적인 과정으로 집단이 일을 해낼 수 있도록 한 쪽 편에 서지 않고 중립을 지키는 것이다.(마이클 도일Michael Doyle)', '집단이 공동 목적을 쉽게 달성할 수 있도록 도구와 기법을 활용하여 절차를 설계하고 중립적인 태도로 진행 과정을 돕는 활동이다.(구기욱)'

여기서 공통적이고 의미 있는 단어들이 있다. 그룹, 기법, 절차, 참여, 상호작용, 시너지, 중립, 공동목적 등이다. 이 단어들은 그룹을 이룬 조직에서 성과를 내기 위한 필수적인 요소들이다. 다시 정리하자면 팀장은 올바른 회의(토의) 기법과 절차를 통해 구성원의 참여를 이끌어내어 집단 지성을 만들어내고, 상호작용을 통한 시너지 효과로 공동의 목적을 달성할 수 있도록 리더가 중립적인 입장에서 의사결정과 행동을 촉진시켜야 한다는 것이다. 의사결정 과정의 진행상황을 촉진시키는 일을 **퍼실리테이션**Facilitation이라 하고, 그 일을 수행하는 사람을 **퍼실리테이터**Facilitator라고 한다.

팀장으로서 퍼실리테이터Facilitator 역할을 원활하게 수행하기 쉽지 않은 몇 가지 이유가 있다. 일단, 팀장이 되면 퍼실리테이터가 아닌 사령관이 되려는 경향이 짙어진다. 그렇다 보니 중립을 지키기보다는 일방적이거나 편향적인 의사결정을 하게 된다. 그리고 퍼실리테이션 스킬(역량)이 부족하다. 마지막으로 가장 심각한 것은 팀원들에 대한 불신이다. 이러한 몇 가지 난관을 극복해야 비로소 퍼실리테이션을 할 수 있는 팀장이 될 수 있다.

팀장이 퍼실리테이터로서의 역할을 수행하기 위해서는 최소한

다음의 것들을 기억해 둘 필요가 있다. 첫째, 어떤 의견의 차이가 다툼의 원인이 되는 것이 아니라 그 의견이 무엇인가에는 또는 누군가에게는 도움이 될 수 있다는 내용이라고 **인정**하는 것이다. '다르다'는 것을 '틀리다'로 해석하는 것이 아니라 '다양하다'로 해석하고 받아들일 수 있어야 한다. 둘째, 모든 사람의 의견을 **동등하게 존중**하는 것이다. 팀원이 어렵게 용기 내어 낸 아이디어를 자신의 판단기준에 따라 가차 없이 재단하는 순간 팀원은 의기소침해진다. 진정으로 아이디어를 존중하는 모습을 보이고 회의 등이 진행되는 동안 지속적으로 관심을 갖고 그 아이디어를 상기시키고 나름대로의 의미가 있음을 전하도록 노력한다. 셋째, 퍼실리테이터로서 반드시 갖춰야 할 **중립 자세**를 지키는 것이다. 중립이란 것은 공정함, 형평을 갖는 것이다. 회의 등의 자리에서 팀장이 자신의 의견만을 고집하고 항우처럼 확인하는 과정을 고집한다면 더 이상 발전적 회의 진행이나 회의 결과물을 기대하기는 어렵다. 넷째, 회의 등의 **순서(아젠다)**를 준비하는 것이다. 기대하는 결과에 이르는 과정은 생각보다는 어렵다. 특히나 잘 정렬된 순서 없이 진행되는 회의 등은 참여자들을 힘들게만 할 뿐이다. 아이디어를 도출해야 할 때, 평가할 때, 판단할 때, 채택할 때 등의 순서를 정하고, 그에 따른 규칙이나 방법을 구사하여야 한다.

워크숍이나 회의 등에서 팀장이 따라야 할 역할은 퍼실리테이터가 가장 적합하다고 할 수 있다. 팀원들에 대하여 가르치거나, 지시하거나, 교정하거나 하는 등의 것은 그에 필요한 상황에서 진행되어야 한다. 퍼실리테이터는 문제를 해결하는 주체가 아니라 관련자들이 전체로써 함께 일하도록 인도하는 역할을 하는 것이다.

Chapter.3

퍼실리테이션의 철학

팀장이 퍼실리테이터로서의 역할을 원활하게 수행하기 위해서는 퍼실리테이션이 추구하는 철학과 신념을 이해해야 한다. 한국퍼실리테이터협회는 다음과 같이 퍼실리테이션의 철학을 제시하고 있다.

- 사람은 기본적으로 현명하고 올바른 일을 할 수 있으며, 또 그렇게 하고 싶어 한다.
- 사람들은 자신이 참여한 아이디어나 계획에 대해서는 더욱 헌신적으로 임한다.
- 사람들은 자신의 결정에 대해 책임이 부여되면 진정으로 책임감 있게 행동한다.
- 모든 사람의 의견은 지위, 계급 여하를 막론하고 똑같이 중요하다.
- 도구와 훈련이 주어진다면 팀은 갈등을 스스로 해결하고 성

숙한 행동을 하며, 좋은 관계를 유지해 나갈 수 있다.

－ 퍼실리테이션의 프로세스가 잘 설계되고 계획대로 적용된다면 바라는 결과를 얻을 수 있을 것이다.

필자는 이러한 퍼실리테이션의 철학에 대한 근원은 퍼실리테이터가 상황을 바라보는 관점에 있다고 생각한다. 퍼실리테이터의 관점이 부정적일 때는 책망, 책임 전가, 회피, 비난 등 퍼실리테이터로서 절대 해서는 안 되는 행태를 보이게 된다. 하지만 관점이 긍정적일 때는 상황을 방해하는 일들이 일어날 경우에도 상대방의 입장에서 해결 방법을 찾을 수 있도록 지원을 한다. '팀원은 왜 저런 이야기를 할까?', '그를 힘들게 하는 것이 무엇인가?', '걱정하고 있는 것이 있을까?' 등 상대 입장에서 생각하려고 노력한다. 이러한 관점이 퍼실리테이션이 가지는 철학의 기초라 생각한다.

퍼실리테이션은 '현재 우리에게 가장 좋은 것이 무엇인가?'를 찾아가도록 돕는 과정이다. 마하트마 간디Mahatma Gandhi는 '누구라도 일말의 진리를 가지고 있고 나름의 관점을 가지고 있다.'고 했다. 이러한 퍼실리테이션의 철학을 내 것으로 하기 위해서는 팀원을 소유론적이 아닌 존재론적으로 대할 수 있어야 한다. 팀원을 소유론적으로 본다는 것은 팀원을 수단이나 내 맘대로 할 수 있는 대상으로 대한다는 의미이다. 이러한 생각으로는 팀원의 생각이나 의견을 즉흥적으로 판단하는 오류를 범하게 된다.

한편, 팀원을 존재론적으로 대한다는 것은 팀원들 각자가 최선을 다해 의견을 내고 있고, 자신이 하나의 존재로서 존중받아야 하는 것처럼 팀원도 존중받아 마땅하다고 생각하는 것이다. 팀장으로서는 팀원들의 속마음, 진정성, 심리상태, 숨어 있는 지식, 경험, 태도 등의 역량을 완벽히 파악할 수 없다. 그렇기 때문에 팀장은 그들을 존재론적인 대상으로 철저히 인정할 때 퍼실리테이션을 실행할 수 있게 된다.

Chapter.4

퍼실리테이션 스킬

아이디어 도출이나 의사결정을 위한 회의나 워크숍과 같은 상황에서 퍼실리테이터는 두 가지에 초점을 두고 진행해야 한다. 하나는 회의에서 도출되는 **다양한 정보를 처리**하는 것이다. 회의 결과로 도출하고자 하는 궁극적인 목표를 달성하기 위해 쏟아지는 수많은 정보를 MECE(Mutually Exclusive Collectively Exhaustive 상호배제와 전체포괄), 즉 중복되지 않고 빠짐없이 정리할 수 있어야 한다.

또 다른 하나는 회의 과정에서 **팀원들의 정서를 관리**하는 것이다. 팀원이 아무리 좋은 정보나 의견을 가지고 있다 하더라도 회의 과정 중 팀장 또는 다른 참여자들로부터 비판, 핀잔, 무시 등 정서적으로 부정적 영향을 받으면 그들은 입을 닫는다. 게다가 좀 더 심각한 상황에서는 자리를 박차고 나가는 경우까지 발생할 수 있다. 그렇기 때문에 팀장은 팀원들의 감정적 상황을 잘 관찰하고 적절한 방법으로 그들의 정서를 처리하도록 노력해야 한다.

철학자 위르겐 하버마스Jurgen Habermas가 말한 것처럼 청자는 화자에게 '당신의 말을 못 알아들었다고 말하고(이해 가능성 요구), 말한 것이 사실인지(진리성 요구), 상황에 부합하는 표현인지(적합성 요구), 다른 숨은 의도는 없는 것인지(진실성 요구)'를 물을 수 있고, 반대로 화자는 청자가 자발적으로 화자의 말을 '아! 그래요.'라고 인정할 때까지 그에 답해야 한다. 퍼실리테이터는 상기 두 가지 핵심 사항 (정보처리, 정서처리) 기준과 청자와 화자의 권리와 의무를 기초로 하여 질문하고, 경청하고, 교감하고, 기록해야 한다.

● 퍼실리테이션에서의 **질문**

퍼실리테이터로서의 질문에서는 몇 가지 유의할 점이 있다. 첫째, 사실 확인, 의도 확인과 같이 불분명한 것을 보다 선명하게 파악하고자 하는 정보 파악 질문이나 적극적으로 참여하게 할 수 있는 질문을 해야 한다. 둘째, 중립적이지 못한 편향된 질문은 하지 말아야 한다. 이러한 질문은 상대방의 사고를 한정시키고 상대방이 대화의 장에서 도망가고 싶게 만든다. 셋째, 상대방의 기분을 고려하지 않는 질문이다. '아' 다르고 '어' 다르다는 말이 있다. 한 마디라도 상대와의 라포를 형성할 수 있는 질문은 대화를 촉진시킨다. 아무리 가벼운 질문이더라도 상대방은 질문에 대해 답을 해야 한다는 부담감을 갖게 된다. 이런 상황에서 대화 분위기나 상대방의 기분이 좋지 않을 때는 당연히 좋은 회의 진행을 기대하기 어렵다. 그렇기 때문에 최대한 편안한 질문, 쉬운 표현의 질문 등으로 대화 분위기나 상대방의 기분을 안정시켜서 대화의 장이 안전하다고 느낄 수 있게 해야 한다.

● 퍼실리테이션에서의 **경청**

경청 없이는 어떤 퍼실리테이션도 진행될 수 없다. 경청을 해야 질문도 할 수 있고, 상대방의 정보나 생각을 알 수 있고, 무엇보다 회의 동안 적극적 참여를 독려할 수 있기 때문이다. 팀장은 오감을 이용하여 적극적으로 듣고, 보고, 느끼고 교감하는 경청을 해야 한다. 경청을 통해 어떤 사실을 말하는지, 어떤 정보를 가지고 있는지, 말하는 의도는 무엇인지, 감정 상태는 어떠한지 등을 알 수 있다. 이렇게 경청에 집중하는 팀장의 모습은 팀원들에게 신뢰를 얻고 회의의 장은 열기가 넘치게 된다.

● 퍼실리테이션에서의 **교감**

올바른 경청 자세와 질문에 더해 대화 내용과 감정에 교감까지 한다면 그 효과는 배가 된다. 교감交感이란 한자 뜻 그대로 기분이나 감정을 서로 공유한다는 것이다. 서로가 무엇인가에서 교감을 한다는 것은 서로에게 에너지를 불어넣는 것이다. 교감을 위해서 대화 중 다음과 같은 교감 스킬을 이용해보도록 하자. 이러한 교감 스킬들은 상대방이 하는 말에 대한 반응이고 대화를 촉진시키는 연결고리이다.

- 따라하기: '김대리 의견은 0000이라는 것이군요.'
- 바꾸어 말하기: '김대리 의견은 0000이라고 해석되는데 맞나요?'
- 연결해서 말하기: '김대리 의견은 조금 전 김차장의 의견과 일치한다는 말이군요.'
- 요약하기: '김대리 말을 요약하자면 0000이라는 말이군요.'
- 의미부여 하기: '김대리 말은 0000이라는 점에서 매우 의미가 있는 것 같군요.'
- 공감하기: '김대리가 말한 고충을 이해할 수 있을 것 같군요.'
- 침묵하기: 상대방에게 생각할 시간을 주고, 그 시간동안 가능한 편안하게 생각할 수 있도록 한다.

● 퍼실리테이션에서의 **기록**

퍼실리테이션에서 말하는 기록이라는 것은 앞의 질문, 경청, 교감을 거쳐 생성되는 산출물을 정리하는 것으로써 매우 중요한 스킬이다. 퍼실리테이션에서의 기록이란 퍼실리테이터(또는 기록자)가 참가자들을 대표하여 이젤패드나 플립차트, 마커펜 등을 이용하여 발언 내용들을 참가자 전원이 잘 볼 수 있게끔 정리하는 것을 말한다. 기록자는 쏟아지는 의견들을 기록하는 동안에도 참여자를 주시한다거나 눈 맞추기, 따라 말하기, 질문 등을 하면서 내용의 정확성을 확보해야 한다. 특히, 발언자의 내용을 작성자의 생각대로 줄여 쓰거나 해석해서 쓸 경우 내용이 왜곡될 우려가 있다.

다만, 더불어 이런 도구를 사용하기 위해서는 이에 필요한 공간이나 책걸상 같은 기타 환경적 요소들이 필요하다. 물론, 팀에서 빈번하고 일상적으로 이뤄지는 회의에서조차 이러한 기록 방법을 활용하기는 용이하지 않은 것은 현실적인 일이다. 그럼에도 불구하고 회의라는 형식에서는 질문, 경청, 교감, 기록 스킬을 상황에 부합하여 적절히 실행할 수 있어야 한다.

Chapter.5

퍼실리테이션 진행

일반적으로 팀에서 의사결정이나 문제해결을 위한 아이디어 회의 등은 종종 있다. 이러한 것은 짧은 회의형식이 될 수도 있고, 워크숍 형태로 그 규모가 커질 수도 있다. 어떤 형식이든 퍼실리테이션 상황이라면 다음의 퍼실리테이션 프로세스를 따르는 것이 유용하다.

(1) 도입 단계

도입단계는 워크숍을 위한 준비와 활동의 시작 단계이다. 이 단계에서는 워크숍의 주제, 목적, 배경, 진행순서, 소요시간, 진행 시 유의사항(그라운드 룰)이나 기타 양해사항(환경적인 것, 시간 등) 등을 참가한 사람들이 명확히 인식할 수 있도록 하는 단계이다. 이때 해당 주제와 관련되어 이해관계가 적은 참여자가 있을 경우에는 특별히 더 관심을 가져줄 것을 요청할 필요가 있다. 무엇보다 해당

워크숍 결과가 제시할 수 있는 비전을 제시함으로써 참여자들이 오픈 마인드 상태에서 참여할 수 있도록 이끌어야 한다.

(2) 확산 단계

확산 단계는 주제와 관련된 다양한 아이디어를 도출하는 단계이다. 이 단계에서 무엇보다 중요한 것은 분위기이다. 분위기가 경직되거나 특정인에게 집중되다보면 참가자들은 입을 열려 하지 않는다. 그렇기 때문에 참가자들의 어떤 의견도 안전하고 존중받는다는 느낌을 가지게 해야 한다. 이러한 취지를 모두가 인식하고 공감할 수 있도록 협조를 당부해야 한다. 확산단계에서는 질적인 면도 중요하지만 양적인 면이 우선된다. 어떤 사소한 의견도 존중될 필요가 있는 이유는 사소한 의견이라도 어떤 무엇과 반드시 연관성을 가질 수 있고, 의견 발언자에 대한 예의이기 때문이다. 이 단계에서는 브레인스토밍, 브레인라이팅, 그림(이미지) 연상법, 육감도Six Sense법, 6개 사고모자Six Thinking Hat법 등 다양한 아이디어 도출에 도움이 되는 도구Tool을 활용할 수 있다.

(3) 분류 및 분석 단계

분류 및 분석 단계는 다양하게 도출된 아이디어를 내용별, 목적별, 연관성별, 유사성 등으로 분류하는 단계이다. 이 단계에서는 MECE(Mutually Exclusive and Collectively Exhaustive), 즉 겹치지 않고 빠짐없이 분류되어야 한다. T차트 기법, 로직 트리Logic tree 기법, 5Why 기법, 피쉬본Fishbone등이 분류 및 분석에 도움이 되는 도구이다.

(4) 평가 단계

평가단계는 분류단계에서 적용할 만한 아이디어들을 평가하여 우선순위를 정하는 단계이다. 이때 평가 기준을 정하는 것이 중요하기 때문에 기준에 대하여 참가자에게 묻고, 결정된 기준을 게시하거나 강조함으로써 모두가 인지하도록 해야 한다. 다중투표Multi-Voting, 의사결정표Decision Grid, 주먹 오Fist-to-Five, 성과/노력 대비표Pay-off Matrix, 짝 비교Paired Comparison 등의 도구를 활용할 수 있다.

(5) 결정 단계

결정단계는 평가 결과를 기반으로 하여 최종적으로 의사결정을 하는 최종 선택 과정이다. 최종 선택은 대부분 평가단계에서 우선순위를 차지한 내용들 중에서 채택되는 경우가 대부분일 것이다. 결정 방법으로는 최종 의사결정자가 있을 경우에는 일방적이거나 최종 검토를 통해 단독결정 방법을 취하거나, 절대다수결이나 가중(일정기준이상) 다수결 방법을 취할 수 있다. 신호등 카드(빨강, 노랑, 초록), 동의 단계자The Gradients of Agreement Scale 등의 의사결정 도구를 활용할 수 있다.

드라마틱한 리더십

Part. VIII

애정 없이 남의 리더가 되느니 보다는
남의 뒤를 따르는 편이 훨씬 더 낫다.

– 존 반스John Barnes

Chapter.1

팀장이라는 무게

드라마 「미생」의 주인공 장그래 사원의 상사인 오상식 팀장. 그는 늘 충혈된 눈으로 다닌다. '삶의 무거운 짐을 체험한 적 있는가? 그 것은 매 순간 어깨를 짓누르고, 내 입을 틀어막으며, 땅끝 무저갱으로 이끄는 삶의 짐. 턱걸이를 만만히 보고 매달려보면 알게 돼. 내 몸이 얼마나 무거운지. 현실에 던져져 보면 알게 돼. 내 삶이 얼마나 버거운지. 피로는 도처에 머물다 내 눈에 찾아든다.'[•] 오상식 팀장이 생각하는 삶의 무게이다. 그는 앞서 소개한 리더로서의 다양한 역할을 수행해야 했다. 변화 주도자Change Agent, 권능 부여자 Empower Agent, 코치Coach, 의견 게시자Feed-backer, 촉진자Facilitator 어느 것 하나 쉽지 않았다. 이것이 직장에서 오상식 팀장을 짓누르는 무게였고, 가정에서는 가족을 지켜야 하는 임무가 그의 어깨를 더욱 무겁게 하는 것들이다. 팀장은 수퍼맨이다. 왜냐하면 팀을 이끌어야 하고, 팀

• 윤태호,《미생 – 아직 살아있지 못한 자 1》, 2012, 위즈덤하우스, 60~62p.

에서 중심을 잡아야 하고, 팀원에게 관대해야 하고, 팀원과 소통할 줄 알아야 하고, 누구보다 솔선수범해야 하고, 팀을 대표하여 책임을 져야 하고, 가장 중요한 팀의 성과를 내야 하는 역할이 있기 때문이다. 그러기 위해서는 이 많은 역할을 어떤 리더십으로 풀어갈지를 판단해야 한다. 업무 내용, 조직(팀), 개인마다의 특성이 다르기 때문에 '리더십은 바로 이 리더십이어야 해'라고 말하기 어렵다.

다음 설문결과는 부하직원이 원하는 상사의 모습이다. 이런 상사의 모습에 부합하는 대사를 「미생」에서 찾아보았다. 평소에 우리가 보이는 태도나 생각은 우리의 '말'에서 알 수 있다. 팀장은 팀원들과 어깨를 나눌 수 있어야 한다.

● 부하직원이 생각하는 좋은 상사•

1위: 아랫사람이 아닌 역할이 다른 동료로 대해주는 상사 (68표)

- 뭔가 하고 싶다면 일단 너만 생각해. 모두를 만족시키는 선택은 없어. 그 선택에 책임을 지라고.

- 우리는 아직 다 미생이다.

- 성취동기가 강한 사람은 토네이도 같아서 주변에 피해를 주지. 하지만 그 중심은 고요하잖아. 중심을 차지해.

2위: 괴롭힘을 당하는 직원이 있는지 세심히 살피는 상사 (56표)

- 내일 일은 걱정하지 말라. 내일 걱정은 내일에 맡겨라. 하루의 괴로움은

• '직장갑질119'에서 직장인 111명을 대상으로 한 조사.

그날의 괴로움으로 족하다.

- 니가 무시 당하는 게 자연스러워 보이긴 한데, 그렇다고 네! 네! 하고만 있냐? 속이 없는 거야? 의지가 없는 거야?

- 니네 부서 애가 문서에 풀 묻혀 흘리는 바람에 우리 애만 혼났잖아!

3위: 언행과 지시의 일관성을 유지하는 상사 (56표)

- 모두가 이해했고, 약속했다는 뜻이지. 회사일은 혼자 하는 게 아니야.

- 정신 맑게 하고 있어요. 취기가 있어선 기회가 와도 아무것도 못해요. 일이 잘 될 때도 취해 있는 게 위험하지만, 일이 잘 안 풀릴 때도 취해 있는 건 위험해요.

- 사람이 담백해야 해. 있는 그대로 보고 판단하고. 즐거운 일 있으면 웃고. 슬픈 일 있으면 울고.

4위: 잘하면 내 탓, 못하면 남 탓하지 않는 상사 (52표)

- 알면서 하니까 실수인 거야. 같은 실수 두 번 하면 그게 실력인 거고.

- 아무도 위협에 빠뜨리지 않을 거야. 최선의 결과를 낼 수 있는 방법을 찾을 거다.

- 장그래, 끝까지 책임져주지 못해서 미안하다.

5위: 호칭, 말 한마디, 온라인 사회 관계망 서비스 한 줄에도 예의를 갖추는 상사 (50표)

- 이기기 위해선 상대방의 이야기에 귀 기울여야 한다. 내 말만 해서는 바둑을 이길 수 없다.

- 장그래 씨.

- 더할 나위 없었다. YES!

〈출처: tvN 미생 공식 홈페이지〉

Chapter.2

과업주도 vs 배려주도

'실무자로서 우수한 직원이 반드시 훌륭한 리더가 되는 것은 아니다.'라는 이야기는 많이 들어보기도 하고 경험했을 것이다. 필자조차도 나름 실무자로서 인정받아 팀장이 되었지만, 팀장으로서 힘든 시간을 보내며 실패의 맛도 보았다. 리더는 크게 두 개의 축을 중심으로 리더십을 발휘한다. 이와 관련된 연구 중, 1945년 오하이오 주립대학교에서 '구조(과업)주도(Initiating Structure)'와 '배려(관계)주도(Consideration)'라는 리더의 두 가지 행동이론을 발표했다. '구조(과업)주도'는 과업목표에 대한 결과에 중심을 두고 있고, '배려(관계)주도'는 구성원과의 관계에 중심을 두고 있다.• 배려는 신뢰, 상호 존중, 소통 및 협력의 정도를 의미한다.

배려(관계)주도형 리더는 구성원에게 지원적이고, 자유로운 의사소통을 추구한다. 한편, 구조(과업)주도형 리더는 일에 대한 목표

• Paul M. Mukchinsky, Satoris S. Culbertson, 유태용 옮김, 《산업 및 조직심리학》, 2021, 시그마프레스, 493~494p.

가 뚜렷하고 지시적인 리더십 발휘를 통해 목표에 대한 결과에 집중한다. 연구결과에서 배려(관계)주도형 리더 밑에 있는 구성원들은 리더에 대한 만족도가 상대적으로 높은 경향을 보였지만 일관된 것은 아니었고, 오히려 리더가 중간 정도의 배려 수준이면 대체로 만족하는 경향을 보였다. 또한, 배려(관계)주도형 리더 밑에 있는 구성원들은 이직이나 고충 호소가 구조(과업)주도형 리더 밑의 구성원들보다 상대적으로 낮게 나타났다. 어떤 유형이 과업성과에 유익한지는 단정하기 어렵지만, 두 요소가 다 높은 유형이 다른 유형에 비해 성과와 리더에 대한 만족도가 높게 나타났다고 한다.

이처럼 리더가 보이는 리더십 유형은 구성원과 성과에 직접적인 영향을 미친다. 팀원들은 리더가 보이는 행동에 따라 리더에 대한 존경심, 자신에 대한 자존감, 일에 대한 만족도, 일에 대한 가치 공유와 같은 긍정적인 경험을 할 수도 있고, 이와는 반대로 불만, 정서적 압박감, 타성적 업무 태도, 스트레스로 인한 정신적 신체적 고통 등의 부정적 경험을 당할 수도 있다.

〈구조(과업)주도형과 배려(관계)주도형으로 구분한 리더의 유형〉

높음	② 낮은 과업주도 높은 배려 (착한 아이형)		④ 높은 과업주도 높은 배려 (수퍼맨형)
배려			
낮음	① 낮은 과업주도 낮은 배려 (방임형)		③ 높은 과업주도 낮은 배려 (불도저형)
	낮음	**과업주도**	높음

① 낮은 과업주도 / 낮은 배려 (방임형)

이 경우는 최악의 리더 행동유형이다. 조직의 성과도 낮고 팀워크도 좋지 않은 상황이다. 이런 리더십으로는 팀장은 자리를 유지하기 어렵다. 팀원은 관계와 성과 부분 모두에서 불만을 갖게 된다. 이런 상황에서는 팀원의 사기 저하와 함께 소통 부재로 팀 내 불신이 쌓이면서 팀원의 이탈이 발생하는 것은 어쩌면 당연한 일이다.

② 낮은 과업주도 / 높은 배려 (착한 아이형)

이 경우는 과업보다는 구성원에 대한 관심이나 배려가 많은 상황이다. 구성원에 대한 관심, 인간적 관계, 호의 등이 장점으로 작용한다. 업무성과가 기대보다 낮거나 늦어질 수 있지만, 리더나 조직 분위기에 대한 구성원의 불만족도는 최소화할 수 있다. 다만, 배려의 정도가 심하다 보면 업무에 대한 방임 현상이 나타날 수 있다. 또한, 자신의 감정을 솔직히 표현하지 못하고 타인에게 착한 사람으로 남기 위해 자신이 바라는 사항이나 주장하고 싶은 것을 스스로 억제하게 되는 '착한 아이 증후군'에 갇힐 수 있다. 대게 이런 부류의 리더는 자신이 '착한 아이 증후군'에 갇혔다는 사실을 인정하려 하지 않는 경향이 있다. 이유는 착한 아이가 하는 따뜻한 행동은 당연히 그래야 한다고 생각하고, 그것이 타인에게도 좋은 일이라고 생각하기 때문이다. 조직을 이끌어야 하는 리더의 권위 부분에서 허점을 보일 수 있다. 그럼에도 불구하고 리더나 조직에 대한 신뢰를 갖게 하는 동인이 되고, 이는 장기적 관점에서 성과로도 이어질 여지는 있다.

③ 높은 과업주도 / 낮은 배려 (불도저형)

이 경우는 ② 낮은 과업주도 / 높은 배려 (착한 아이형)와 달리 구성원에 대한 관심보다 과업에 대한 관심이 높은 상황이다. 강력한 주도로 업무성과를 낼 수 있지만 성과란 것이 구성원의 자발적 참여나 동기에 의한 것이 아닌 단기적이고 희생적인 성과를 강요할 여지가 크다. 더 안타까운 것은 업무 성과가 지속적일 경우 리더 본인은 성공에 도취될 수 있다. 그럼으로써 구성원은 지속적으로 희생을 강요받을 수 있고, 결국에는 배려에 대한 불만은 극에 달할 수 있다. 따라서 단기적 성과에는 효과가 있을 수 있으나, 장기적으로는 구성원의 동기를 고갈시킬 우려가 있다.

④ 높은 과업주도 / 높은 배려 (수퍼맨형)

이 경우는 리더로서의 최상의 유형이라고 할 수 있다. 업무 관련 성과 도출을 위하여 다양하고 효과적인 방법을 이용할 수 있고, 과정과 결과에 있어서도 구성원의 만족도를 최대로 올릴 수 있다. 리더의 이러한 노력은 구성원의 자발적 참여, 일을 통한 성장감, 직장생활에 대한 만족감 등을 느끼게 할 수 있는 긍정적 영향력이 된다.

Chapter.3

지지하고 지원하는
리더(서번트 리더십)

서번트Servant의 사전적 의미는 하인, 종이다. 서번트 리더십은 1970년에 로버트 그린리프Robert Greenleaf가 처음으로 제시하면서 지금까지도 핵심적인 리더십 유형의 하나로 자리 잡고 있다. 이는 '타인을 위한 봉사정신에 초점을 두며, 조직, 고객을 우선으로 여기고 그들의 욕구를 만족시키기 위해 헌신하는 리더십'이라 정의할 수 있다.

서번트 리더십 Servant Leadership은 리더가 구성원을 섬기는 자세로 그들의 성장과 발전을 도움으로써 구성원이 스스로 조직의 미션 수행에 기여하도록 한다. 이 리더십의 핵심은 보이지 않음, 부드러움, 희생 등이다.

이 개념은 그린리프가 헤르만 헤세Hermann Hesse의 작품인 《동방순례》로부터 영감을 얻어 이론을 제시하면서 세간에 알려졌다. 《동방

순례》에는 '하인 레오가 실종되자 우리는 갑자기 잔인할 정도로 불화했고 결속도 산산이 조각나 버렸다'라는 대목이 있다. 소설 속 하인 레오는 순례단의 허드렛일을 도와주는 여러 하인들 중의 한 명인 것쯤으로 보였다. 그는 단원들을 위해 이런저런 잡다한 일을 묵묵히 했고, 단원들의 심신을 달래주기 위해 노래도 불러주곤 했다. 순례단에게 하인이 하는 일은 당연하게 여겨졌지만, 그의 일(봉사)은 순례 여행에서 편의, 청결, 즐거움, 소통, 필요한 일처리, 이런저런 문제 해결 등을 제공하는 것들이었다. 이들의 순례 여행은 하인 레오가 사라지기 전까지는 순조로웠다.

그러던 어느 날 하인 레오가 사라지는 일이 발생했다. 그의 행방불명은 순례 여행 자체가 불가능하게 하는 일로 번졌다. 고작 여러 하인들 중의 한 사람이었던 레오가 실종되었다고 해서 순례단은 왜 여행을 마치지 못했을까? 사실 하인 레오는 순례단이 가입하고 있던 '결맹' 단체의 최고 지도자였던 것이다. 레오는 최고 지도자이지만 순례단의 하인 역할을 하였던 것이다. 더 놀라운 것은 그가 자신을 남에게 하인처럼 보이기 위한 것이 아니고, 게다가 '봉사한다.'는 인식조차 하지 않은 상태로 행동을 했다는 것이다. 이는 노자가 말한 도가도 비상도(道可道 比常道_도가 도라는 말로 일컬어지는 도는 참된 도가 아님)와 같이 '봉사한다.'고 말하면 이는 더 이상 진정한 봉사라 할 수 없다는 의미로 해석될 수 있다. '결맹' 단체의 최고 지도자였던 하인 레오는 노자의 도가도 비상도 사상을 몸소 실천한 것이 아닐까 생각한다.

카리스마 리더십이 리더를 중심으로 하고 있다면 서번트 리더십은 구성원을 중심으로 한다. 서번트 리더십 유형의 리더는 개방성, 문제해결, 구성원에 대한 존중, 사람 우선, 조화, 조력자, 윤리성, 이타심 등에서 그의 영향력을 발휘한다. 이 유형의 리더는 이러한 영향력을 이용하여 방향을 묻기도 하고 제시하기도 한다. 또한, 상호 의견을 조율하는 민주적 의사결정 과정을 통해 구성원을 참여시킴으로써 구성원이 자존감을 갖게 하는데 노력한다. 이 역할을 성공적으로 수행한다면 구성원의 자발적 헌신, 업무에 대한 자신감, 조직과 고객에 대한 충성도 향상 등의 긍정적 효과를 끌어낼 수 있다.

앞서 말한 노자의 '도가도 비상도' 사상 정도까지는 아니더라도 팀의 리더인 팀장은 서번트 리더십을 함양할 필요가 있다. 이는 앞서 이야기한 '좋은 상사의 모습은?'이란 설문에서 가장 높은 점수를 받은 것이 '아랫사람이 아닌 역할이 다른 동료로 대해주는 상사(68표)'였다는 것을 생각해보면 조직 구성원에 대한 리더십으로서 매우 중요하다는 것을 알 수 있다.

현실에서 서번트 리더십과 관련한 실제 사례는 다양한 장면에서 볼 수 있다. 누구보다 일찍 출근한다든지, 솔선해서 청소를 한다든지, 팀원을 대신한다든지, 팀원이 필요로 하는 것을 미리 알아차리고 지원한다든지, 도움 요청에 발 벗고 나선다든지 등이 그렇다.

국민 MC 유재석을 칭찬하는 사례를 보면 서번트 리더십의 모습을 엿볼 수 있다. 배우 전소민 씨는 유재석 데뷔 30주년을 기념하여 이런 편지를 썼다. '같은 감정선 속에서의 진심과 공감. 많은 분들이 오빠를 존경하고 사랑하는 이유라고 생각해요. 그 값진 공감으로 뭉근하게 곁에 있어 주셔서 너무 고맙습니다.' 김영희 PD는 유재석에 대해 이렇게 말했다. '자신의 욕심을 부리기보다는 프로그램을 위해 한발 물러나 자리를 지킨 유재석이 인기는 가장 많았다.', '그의 꾸준한 노력 외의 비결은 본인이 겸손하기 때문이다. 겸손한 것이 없다면 성실할 수가 없다.' 이렇듯 사람이 사람으로서 따뜻함을 간직하고 희생할 수 있는 마음만 있다면 그것은 분명 우리를 승리의 길로 안내할 것이다.

한편, 이렇게 훌륭한 점만 있을 것 같은 서번트 리더십에도 유의할 점이 있다. 일명 '착한 아이 증후군'에 걸릴 위험과 타인으로부터 그렇게 오판될 우려가 있다. 실제로도 상황에 따라 의연한 결단력과 주도력이 필요할 경우마저도 뒤로 물러서 있는 듯한 태도는 리더로서 약한 모습으로 비춰질 수 있다. 또한, 리더로서 지시자가 아닌 조력자 또는 조정자 역할에 무게가 실려 있다 보니 리더의 인내와 희생이 요구되는 리더십이라 할 수 있다.

Chapter.4

따를 수밖에 없는
리더(카리스마 리더십)

카리스마는 '재능, 신의 축복'을 의미한다. 이 재능과 신의 축복으로 다른 사람을 매료시키고 영향을 끼치는 힘을 발휘한다. 슈퍼맨과 같이 축복을 타고난 것이다. 독일 사회학자 막스 베버Max Weber는 카리스마에 대해서 '보통 사람들과 구분되는 초자연적, 초인간적인 것을 부여 받았다고 여겨지는 개인 성격의 특이한 자질'이라 정의했다. 카리스마가 개인의 타고난 특성에서 비롯된 것이라고는 하나 상대방의 자발적인 동조와 굴복을 끌어내는 힘이라고 할 수 있다. 카리스마는 개인적인 매력, 지배감, 자신감, 탁월한 언변, 비전 제시, 솔선수범 등의 특징을 가지고 있다.

특히 **카리스마 리더십**은 긴급하고 중요한 의사결정 상황에서 빛을 발한다. 카리스마는 리더에 대한 구성원의 높은 충성도, 자발적 참여와 몰입, 일사불란한 행동, 단기적 성과 창출, 자신을 리더처럼 되고자 하는 마음 등의 긍정적인 면이 있다.

반면, 구성원의 무비판적이고 맹목적인 행동, 리더에 대한 높은 의존성, 리더의 독단성 심화 등의 부정적인 면도 있다. 그렇기 때문에, 카리스마 리더십을 발휘한답시고 직책이나 자신이 보유한 어떤 힘만을 이용한 강압적인 영향력은 카리스마 리더십이라 할 수 없고, 이것은 굴종을 강요하는 갑질 행위일 뿐이다.

필자가 경험한 직장 상사의 이야기이다. 카리스마 리더십 차원에서 긍정적인 면과 부정적인 면을 동시에 느낄 수 있었던 경험이다. 그는 영업부서에서 높은 직책의 상사였다. 운동으로 다져진 탄탄한 몸, 굵직한 목소리, 강렬한 눈빛, 강력한 피드백, 강한 사업추진력, 과감한 결단력, 자신감, 자존감, 호소력, 직설적이고 단호한 의사전달력 등은 카리스마적 리더십처럼 보였다. 그는 부서 설립단계부터 시작해서 오랜 기간 동안 부서를 이끌었다. 이러한 상황에서 어느 정도의 카리스마 리더십이 필요했을 것이고, 마침 그는 상황에 부합하는 리더십을 발휘하여 상당한 성과를 거두기도 하였다. 하지만 구성원들은 시간이 흐르면서 창의적으로 사고를 하거나 비판적 의견을 제시하는 등의 모습을 차츰차츰 잃어가는 모습을 보였다. 그는 카리스마 리더십의 장점을 지녔음에도 불구하고 부정적 측면의 카리스마 행동으로 긍정적 리더십 효과를 갉아 먹은 듯 했다.

로버트 치알디니Robert B Cialdini가 쓴《설득의 심리학》에는 이런 내용이 있다. 1977년에 존스Jones라는 사이비 종교집단의 목사가 이끄는 인민사원The People's Temple 추종자들이 900여 명이나 집단자살한 일대 사건이다. 존스 목사가 추종자들에게 자살할 것을 명령했고, 그 중 한 명이 자발적으로 모두가 보는 앞에서 음독 자살을 함으로써 다른 추종자들도 줄줄이 그 자살 대열에 오른 것이다. 도저히 이해할 수 없는 이런 비상식적인 사건의 원인은 왜 일어날 수 있었을까?

몇 가지 원인이 제시되었다. 목사의 명령에 의심 없이 절대 복종하라는 규정, 추종 집단의 유사성(주로 빈곤계층), 외부와 차단된 아프리카 가이아나라는 정글 속 집단생활, 존스 목사의 카리스마 등을 원인으로 꼽았다. 이중 존스 목사의 카리스마는 추종자들에게는 강력한 힘을 가진 군주이자, 따뜻하고 의지할 수 밖에 없는 아버지로 비춰졌다. 카리스마의 어두운 면인 리더에 대한 일방적 의존성이나 맹목적성에 빠질 수 있는 사실을 알 수 있다. 그의 카리스마는 추종자를 모으고 복종하게 하는 힘에 사용되었고, 그 힘에 의해 집단은 맹목적으로 추종하게 된 것이며, 그는 그 힘을 잘못 사용한 것이다.

카리스마의 의미가 '신의 축복'이지만 신은 축복만을 주지 않는 듯하다. 공짜로 부여된 축복에는 그 축복을 어떻게 사용하는가에 따라 감당하기 힘든 대가도 따른다는 것을 잊어서는 안 될 것이다. 모든 것에 양면성이 있듯이 카리스마 리더십도 지킬과 하이드와 같이 그 극단에는 정과 부의 모습을 가지고 있다. 그런 점에서 카리스마 리더십 유형의 리더는 성과나 과정이 어떠했든 간에 참을성 있고 일관되게 밀어붙이는 모습이나 인간다운 모습이 있는 반면, 파괴적 결과를 초래할 수 있는 점에 유념해야 한다.

Chapter.5

새로운 방향을
제시해 주는 리더(혁신 리더십)

혁신革新의 사전적 의미는 '묵은 풍속, 관습, 조직, 방법 등을 완전히 바꾸어 새롭게 하는 것'을 말한다. 한마디로 혁신은 '과거의 것을 부수고 새로운 것을 세우는 것'이다. 고정관념, 상식, 불가능, 안일함, 부조화 등을 부수는 것이다.

혁신의 '革'은 가죽이다. 가죽은 질기고 단단하다. 이런 가죽을 새롭게 한다는 의미이니 혁신하기란 보통 어려운 일이 아님이 분명하다. 혁신에는 짝꿍이 있다. 그것은 **'저항'**이다. 변화와 혁신을 위한 노력이나 시도를 할 때는 그것에 저항하거나 방해하는 것이 사람이든, 묵은 관습이든, 환경적 상황이든, 조직 내 정치적 상황이든 이유를 불문하고 반드시 그 앞에 높고 두꺼운 장벽이 길을 가로막고 있다. 그 벽을 없애거나 넘어야 하기 때문에 혁신이라 말할 수 있는 것이다.

경로 의존성Path Dependence이란 어떤 일을 수행하는 데 있어서 한번 일정한 경로에 의존하기 시작하면 나중에 그 경로가 비효율적이라는 것을 알게 되더라도 그 경로에서 벗어나지 못하게 되는 것을 말한다. 일상에서 '매너리즘'이란 표현으로 자주 사용되기도 한다.

매너리즘은 서양미술의 한 양식을 가리키는 '매너리즘Mannerism'이라는 용어에서 유래한 표현이다. 르네상스 시대에서 바로크 시기로 넘어가는 1520년경부터 1600년 사이의 미술 양식을 일컫는데, 미술사에서 이 단어가 부정적인 의미로 쓰이게 된 것은 이 시기에 나온 작품이 기존의 방식이나 형식을 답습하다 보니 이전의 작품에 비해 보잘 것 없었기 때문이다. 경로 의존성과 매너리즘의 공통점은 현재를 최대한 즐긴다는 점이다. 지금이 최상이라 생각하고, 별도의 에너지를 쏟을 이유를 찾지 못하면서 결국에는 '삶은 개구리' 신세가 된다.

혁신적인 리더는 사고에 대한 혁신, 목표에 대한 혁신, 능력에 대한 혁신, 시간에 대한 혁신, 생활에 대한 혁신 등을 통해 창의적 발상, 변화 주도, 도전, 비전 제시, 동기부여, 긍정성, 결단력 등의 리더십을 발휘할 수 있다. 혁신적인 사건을 우리는 '한 획을 그었다'고 이야기한다. 역사적으로 한 획을 그은 많은 영웅들의 모습은 어떠한 상황에서든 또는 어떤 이유에서든 자신 스스로가 혁신적 리더십을 발휘했다고 볼 수 있다.

미국 워싱턴DC 링컨기념관에는 근엄한 모습의 미국 16대 대통령인 링컨의 동상이 있다. 왜 그는 지금까지도 그곳에 근엄한 모습으로 앉아 있을 수 있는 것일까? 그것은 바로 그가 미국 역사에서 한 획을 그었기 때문이다. 링컨 대통령이 1861년 16대 대통령으로 취임했을 당시는 전국이 분열된 상태였고, 링컨의 공화당은 노예제도에 대한 극단적 대립으로 당이 쪼개질 판이었다. 이러한 가운데 링컨은 남북전쟁이라는 피를 보았지만 통일을 이루어냈기 때문이다. 나아가 미국 역사상 가장 힘들고 특이한 내각을 구성했다. 그것은 자신과 비슷한 생각을 가진 사람이나 대통령의 권위에 무조건적인 순종자들이 아니라, 반대당이나 반대 의견을 가졌다 하더라도 유능하고 경험 많은 반대파 사람들로 내각을 구성했다. 내각 중에서도 가장 중요하다고 볼 수 있는 국무장관, 재무장관, 법무장관 등에 그들을 임명한 것이다.

이렇게 어려운 결정을 한 이유에 대하여 링컨은 국가가 위험에 직면했기 때문이라고 했다. 그렇기 때문에 반대파의 저항을 피한 것이 아니라 혁신적으로 반대파를 수용함으로써 높고 두꺼운 장벽을 깬 것이다. 이런 역사적 시간을 보낸 링컨은 '그 혁신의 과정이 예상했던 만큼 너무 힘들었지만, 그 시간을 이겨낼 수 있을 거라고는 생각하지 못했다.'고 회고했다. 혁신은 투쟁이다. 그는 나라의 앞날에 대한 걱정으로 늘 우울했지만 비관하지 않았고, 극복하려는 의지와 성실함과 겸손함으로 그의 리더십을 발휘할 수 있었다.

서울 광화문 광장에도 두 개의 동상이 있다. 세종대왕과 이순신 장군 동상이다. 세종대왕은 자상한 모습으로, 이순신 장군은 결연한 모습으로 아직도 우리나라를 보호하고 이끌고 있는 듯하다. 이 두 영웅의 공통점도 혁신 정신이라 할 수 있겠다. 세종대왕은 공부

벌레이자 일벌레였다. 세종대왕의 최고의 업적 중 하나인 한글 창제를 1443년에 반포하기 위한 반포식 행사에 집현전 학사들 중 반은 참석하지 못했다고 한다. 이유는 '신하가 고달파야 백성이 편안하다.'라는 세종대왕의 집념으로 인해 과중한 업무에 시달렸기 때문이라는 비화가 있을 정도다.

훈민정음訓民正音은 '백성을 가르치는 바른 소리'라는 의미이다. 훈민정음이 만들어지기까지는 기득권층의 거센 저항이 있었다. 당시 기득권층은 중국을 핑계로 훈민정음 반포를 반대했지만, 실제로는 배우지 못한 일반 백성들이 글을 알게 됨에 따라 생길 수 있는 기득권층의 피해를 두려워했던 부분이 컸다. 그들은 이러한 사실을 대놓고 주장하며 반대했다고도 한다. 하지만 세종대왕은 그러한 저항에 맞서 싸우며 결국에는 집현전 학사들과 함께 고군분투 끝에 자랑스럽고 위대한 한글을 창제할 수 있었다. 백성을 위한 것이 무엇이고, 그 무엇이란 것이 왜 필요한지, 어떻게 추진해야 할지를 철저히 인식하고 준비한 덕분에 성공적이고 위대한 성과를 이룬 것이다.

또 하나의 동상은 바로 이순신 장군이다. 세계 4대 해신으로 칭송받는 이순신 장군은 당대에는 전장에서 죽음으로 나라를 구했고, 424여 년이나 지난 지금까지도 그 정신은 살아 숨 쉬고 있다. 해전사 연구가인 발라드G. A. Ballard는 "이순신은 전략적 상황을 파악하고, 해군 전술의 비상한 기술을 가지고 불굴의 공격정신과 통솔정신을 겸비했다. 이순신의 물불을 가리지 않는 맹렬한 공격은 맹목적인 모험이 아니었다. 싸움이 시작되면 주저하지 않았지만 승리를 위한 신중함은 (영국 해군의 영웅인) 호레이쇼 넬슨Horatio Nellson과 비슷하다. 영국인으로서는 넬슨과 어깨를 견줄 사람이 있다는 것을 인정하기는 쉽지 않지만, 그 인물이 있다면 바로 이순신 장군이라는 것은 틀림없다."라고 평했다.

이순신 장군은 각종 모함으로 파직과 백의종군을 하게 되고, 조정의 잘못된 권력 싸움과 안이한 상황 판단으로 무고한 누명을 쓰고 목숨을 잃을 수도 있었다. 그러나 그의 숭고한 구국정신과 강직함은 자신의 목숨을 스스로 구할 수 있게 했다. "이제 나에게는 아직도 12척의 전함이 있으니, 죽을 힘을 내어 싸우면 능히 해볼 만합니다.今臣戰船尚有十二, 出死力拒戰, 則猶可爲也"라는 이 유명한 어록에서 필자는 그의 혁신적 사고의 정신을 엿볼 수 있었다. 불가능을 가능으로 이끌겠다는 도전정신, 전세를 파악할 줄 아는 능력, 전투에 임하는 철저한 준비성, 지형지물을 이용할 줄 아는 전략 전술 능력, 거북선이라는 독특한 전함을 구축하는 창의성 등이다.

필자가 경험한 상사 두 분의 사례이다. 한 분은 어떤 사안에 대한 계획을 보고하면 업무 내용이 축소되는 방향으로 의사결정을 하는 경향이 있었다. 이런 상황에서 필자는 동기가 저하되는 느낌을 자주 받았다. 실무자로서 달성하고자 하는 업무 목표나 내용이 상사에 의해 축소되는 것이 개인적으로 볼 때 쉬워지고 편해질 수 있겠지만, 최종 성과물에 대한 만족도는 높을 수가 없었다. 또 다른 한 분은 반대 성향의 상사였다. 이 상사는 많은 의견과 아이디어를 내기도 하고, 실무자들의 의견을 이끌어내기에 늘 열중했다. 많은 직장인이 애사심을 가지고 직장생활을 하겠지만, 이 상사는 회사와 본인을 동일시하기까지 했다. 그렇다 보니 부하직원들이 많은 어려운 상황을 겪기도 하였지만, 업무성과는 분명하였다. 필자의 경우 후배 직원들에게 1의 업무지시를 받았다면 1+α의 업무로 확대해서 추진하자고 이야기하곤 했다. 한 가지라도 더 생각하고 준비하고 추진하고자 하는 그 의지가 있어야 목표나 성과 성취에 한 발 더 다가설 수 있기 때문이다.

혁신 리더십에도 주의할 점은 있다. 리더 주도의 혁신이 지속되고, Top Down식의 혁신을 강조하다보면 구성원들이 사안들에 대하여 주체적으로, 넓고 깊게 볼 수 없는 위험에 빠질 수 있다. 혁신 목표나 목적을 구성원이 공감한다 해도, 그 방법이 강제적이거나 일방적일 때는 팀 임파워먼트에서 얻을 수 있는 조직 효율성 등에서 그 효과를 얻어내기 어려울 수 있다. 혁신성을 일방적으로 강요하고 이끌어 가려다 보면 리더는 구성원의 비평을 거부하거나, 비평을 비난으로 받아치거나, 압박감을 지속시키는 등의 행동으로 구성원의 생각과 행동을 한정시키게 된다. 그렇기 때문에 올바른 혁신 리더십을 발휘하기 위해서는 다른 관점을 존중하고 타협의 여지를 가지고 팀원의 정서적 욕구를 이해해야 하며, 중요한 사안에 대해 책임을 지는 행동이 뒷받침되어야 한다. 본인만 앞에서 '돌격 앞으로'를 외치는 것은 용감한 것이 아니라 무모한 것이다. 회사와 자신을 동일시하는 충정은 이해할 수 있지만, 이것이 도를 넘어서게 되면 불필요한 희생이 따른다는 점은 잊지 말아야 한다.

Chapter. 6

균형 잡힌 리더 (공정한 리더십)

구인구직 매칭플랫폼 '사람인'이 직장인 828명을 대상으로 '사내정치로 피해를 본 경험'이 있는지에 대한 설문*을 했다. 이 중 절반가량인 51%가 '그렇다'고 답했다. 사내정치로 입은 피해로는 '스트레스 가중'(69.9%)이 가장 높았고, 이어 '부당한 책임 추궁'(43.1%), '업적을 빼앗김'(34.8%), '인사고과 상 불이익'(31.5%), '인격적 모욕'(30.8%), '승진 누락'(22.5%), '직장 내 따돌림'(17.5%) 순이었다. 그리고 사내정치로 피해를 봤다고 한 응답자 중 87%나 되는 사람이 이직을 하거나 이직을 고민해본 경험이 있는 것으로 나타났다.

반면, 재직 중인 회사에 사내정치로 인해 능력에 비해 큰 이익을 본 사람이 있느냐는 질문에는 무려 88.2%가 '있다'라고 답했다. 이

• 최용석 기자, 〈직장인 10중 9명 조직내 사내정치로 이득 챙긴 사람 있다〉, 2017.9.20, 동아닷컴.

렇게 이익을 본 사람에 대한 주변 동료들의 평가는 '부정적'(87.2%)이라는 응답이 '긍정적'(12.8%)이라는 응답보다 압도적으로 많았다. 한편, 직장인들은 평소에 사내정치에 대해 '회사생활의 공정성을 위해 없어져야 한다.'(82.1%)라고 응답했다.

상기의 설문결과를 요약하자면 '사내정치'는 '회사생활의 공정성을 저해하는 원인'이 되고, 그 원인들은 부당함이나 불이익으로 인식되어 스트레스를 유발하고, 이는 결국 회사를 떠나거나 떠나지 못하면 그 안에서 정신적 고통을 감당해야 하는 치명적 결과를 낳는다. 누구든 불공정한 거래에 순응하기는 어렵다. 애덤스^{J.Stacy. Adams}는 조직 내 구성원은 자신의 직무나 그 성과에 대하여 조직으로부터 받은 보상을 동료 등과 비교함으로써 공정성 여부를 판단하며, 이때 불공정성을 지각하게 되면 이를 감소 또는 해소시키기 위한 방법들을 동원하여 균형을 찾는다고 하였다. 여기서 '공정'은 교환 관계에 초점을 두어, '교환 결과의 균형 상태'를 뜻한다.

조직 구성원들이 지켜보는 공정성에는 크게 3가지가 있다. **분배의 공정성, 절차의 공정성, 상호 관계적 공정성**이다.•

분배의 공정성(보상에 대한 공정한 분배)은 자신이 투입한 것(시간, 지식, 훈련, 경험, 창의성, 충성심, 나이, 역량 등) 대비 보상(급여, 부가혜택, 도전적 직무 제공, 직업 안정, 내적동기 보상, 경력 상승, 안락한 근무환경 등) 수준의 형평성을 의미한다. 분배의 공정성은 다음과 같은 세 가지 상황으로 분류된다.

• 위키피디아, '공정성 이론', 검색일: 2023.02.12.

공정성 상황	보여지는 태도	장단점
인풋(Input) > 아웃풋(Output) **과소보상**인 상황	타부서로의 이동, 결근, 이직, 태업, 파업, 기피, 저항 등의 행동을 하려 함	긍정적 결과는 거의 없다 고 생각하는 것이 옳음
인풋(Input) < 아웃풋(Output) **과다보상**인 상황	인지적인 왜곡을 시도 ('나와 상대가 똑같은 노력과 시간을 투입했지 만 일의 질이나 담당 업무의 중요성이 엄연히 차이가 있다.')	장점: 구성원이 감사함을 느끼고 노력하려 함 단점: 무임승차 성향으로 변질될 우려가 있음
인풋(Input) = 아웃풋(Output) **공정한 보상** 상황	상황을 수긍하고 특별한 불만을 가지지 않음	공정함을 인식함

절차의 공정성(의사결정 과정의 공정성)이란 보상 절차나 어떠한 의사결정 사항을 처리하는 방법이나 과정이 공정하고 선명한지를 의미한다. 일련의 과정에서 자신이 포함되는지 그렇지 않은지에 따라 구성원들은 쉽게 마음이 흔들리기도 하고, 불공정한 절차라고 생각할 경우에는 불신이 쌓이게 된다.

상호 관계적 공정성(편견 없는 관계의 공정성)이란 조직 내 리더가 다른 사람들과 차이 없이 자신을 존중하게 대하며, 다른 사람에게 제공하는 정보 등을 자신에게도 제공하는지를 의미한다.

이렇듯 리더의 공정함은 리더십을 유지, 강화하는데 매우 중요한 요소이다. 팀장은 일상에서 팀원에 대한 편견 없는 공정한 리더십을 발휘할 수 있어야 한다. 팀원들과의 대화, 정보 공유, 성과에 대한 보상, 각종 지원, 역량향상 기회 등 다양한 상황에 대해서 상기의 3가지 공정함을 유지하여야 한다. 이 사이에 '사내정치' 개념이 끼어들 때 이 공정함은 무너진다는 점에는 유의하여야 한다.

Chapter.7

즐거운 리더(펀 리더십)

공자 曰 "지지자불여호지자, 호지자불여낙지자知之者不如好之者, 好之者不如樂之者 아는 자가 좋아하는 사람만 못하고, 좋아하는 사람이 즐기는 자만 못하다." 즐기는 수준이 최상의 수준이다. 《무엇이 성과를 이끄는가》는 팀과 개인이 성과를 올리기 위한 세 가지 핵심 요인으로 구성원들이 '일의 즐거움, 일의 가치, 일의 성장감'● 을 제시했다. 그 중에서도 '일의 즐거움'이 성과를 내는데 가장 큰 영향을 미치는 내적동기라고 했다. 왜냐하면, 일 자체가 그에게는 보상이기 때문이다. 그 일을 할 수 있다는 사실을 통해 기쁨과 즐거움을 느끼는 것이다. 이것이 성과를 내는 가장 큰 동기요인이라는 것이다.

'즐겁다'라는 것을 단순히 어떤 가벼운 언행 정도로 치부해서는 곤란하다. 미국 '로버트해프 인터내셔널'의 설문조사에 의하면 응답자의 97%가 탁월한 전문성을 갖춘 상사보다 직원들에게 웃음을 주

• 닐 도쉬·린지 맥그리거, 유준희·신솔잎 역, 《무엇이 성과를 이끄는가》, 2021, 생각지도.

는 상사를 더 잘 따른다고 답했고, 삼성경제연구소가 발표한 보고서에 따르면 '유머가 풍부한 사람을 우선 채용하고 싶다.'는 항목에 설문참여자 631명 중 77.4%가 (50.9% '그렇다', 26.5% '매우 그렇다') 긍정적으로 답했다.[*]

긍정적이고 유머와 웃음이 넘치는 사람은 무엇보다 사람을 끄는 무서운 힘을 가지고 있다. 그리고 이 강점이 중요한 이유는 이것이 과거 중심적이지 않고 미래 중심적인 힘을 가지고 있다는 점이다. 게다가 업무역량마저 뛰어나다면 이런 팀장은 '넘사벽(넘을 수 없는 사차원의 벽)'이다. 특히, 어느 때보다 조직 내 소통을 강조하는 기업문화의 변화 속에서 포용과 소통을 원활하게 하는 펀 리더십은 개인뿐 아니라 조직의 성장을 견인하는 기능을 한다.

조직 내 갈등은 개인에게는 스트레스를 가져오고, 조직에게는 생산성 저하나 조직 와해를 초래한다. 이것만 생각해 보더라도 리더의 **펀 리더십**Fun Leadership은 조직 전체에 대단히 소중한 자산이라 말하지 않을 수 없다. 팀원의 사기와 행복 지수를 향상시키고, 팀원 간 신뢰도를 높이기 위해서라도 팀장에게 펀 리더십은 필수적으로 요구된다. 펀 리더십의 핵심은 사람에 대한 배려라 할 수 있다. '취준생'이라는 기나긴 고통의 시간을 보내고 갓 입사한 신입직원부터 고참 부하직원, 상사, 외부 고객에까지 팀장의 펀 리더십은 선한 영향력을 미친다. 펀 리더십을 갖춘 리더는 표정, 이미지, 표현, 행동 등에서 사람들에게 호감과 친근감을 가지게 한다. 그들은 웃

• 김민열 기자, 〈유머있는 사람 우선 채용〉, 2005.12.11., 서울경제.

을 때도 씩씩하고 환한 표정을 짓는다. 웃음은 만병통치약이다. 일노일노 일소일소(一怒一老 一笑一少). 한번 화내면 한번 늙어지고, 한번 웃으면 한 번 젊어진다. 무엇보다 펀 리더십은 본인에게 유익하다. 어둡고 침울해 보이는 얼굴을 가진 팀장에게 마음 편히 다가와 이야기하려는 사람은 없다. 낙하산과 얼굴은 펴져야 살 수가 있다거나, 제사상에 올려놓는 돼지도 웃어야 비싸다는 말은 웃는(즐거운) 표정이 얼마나 가치가 있는 것인지를 잘 설명해 주고 있다.

아직까지 기업의 경쟁력은 사람이다. 직장에서 즐겁게 일할 수 있는 분위기가 만들어져야 성과를 이끌어 낼 수 있다. 세계 최고의 동기부여가 브라이언 트레이시Brian Tracy는 "성공의 85%는 인간관계에 달려있으며 훌륭한 인간관계를 만드는 핵심은 바로 웃음이다."고 했다. 세계 최고의 자동차 판매왕이었던 조 지라드Joe Girard도 "웃음의 위력을 알지 못하는 세일즈맨은 결코 성공할 수 없다."고 했다. '거울은 먼저 웃지 않는다.'는 말이 있다. 먼저 웃어주고 즐거움을 주는 즐거운 팀장이 될 것을 강력히 권하고 싶다.

부록

〈Five Roles 자가 진단표〉

번호	질문내용	전혀 그렇지 않다 (1점)	별로 그렇지 않다 (2점)	다소 그렇다 (3점)	매우 그렇다 (5점)	대체로 그렇다 (4점)	합계	
1	변화에 대해서는 실패보다 성공에 대한 가능성을 봐야 한다.						변화 주도자 1,6,11	
2	사람은 자신만의 강점이 있고 이를 강화할 수 있다.							
3	사람은 누구가 더 성장할 수 있는 가능성이 있다.							
4	사람들은 칭찬을 받으면 상대방에게 마음을 연다.						권능 부여자 2,7,12	
5	사람은 기본적으로 현명하고 집단지성이 가능하다.							
6	위로부터의 요구나 지시보다 자발적 도전이 필요하다.							
7	사람은 부여된 책임에 책임감을 가지게 된다.						코치 3,8,13	
8	문제의 해답은 그의 내부에 있고, 그가 가장 잘 알고 있다.							
9	강요나 지적보다 지지나 긍정적 교정이 효과적이다.							
10	사람들은 자신이 참여한 아이디어나 계획에 대해서는 더욱 헌신적으로 임한다.						의견 게시자 4,9,14	
11	안정된 상태일수록 변화를 준비해야 한다.							
12	사람은 기회가 주어지면 성장할 수 있다.							
13	팀장은 팀원과 함께 해답을 찾아가는 파트너이다.						촉진자 5,10,15	
14	사람들은 올바른 피드백으로 성장할 수 있다.							
15	모든 사람의 의견은 지위, 계급 이하를 막론하고 똑같이 중요하다.							

본 Five Roles 진단은 이 책에서 이야기하고 있는 각각의 역할에서 핵심적으로 강조하는 내용에 기초한 것으로, 각 역할에 대한 마인드를 고취하고자 하는 목적을 갖습니다.

(1) 각 점수를 Five Roles에 체크하세요.

각 역할의 점수를 확인해주세요. 9점 이하의 점수가 나온 역할은 지속적으로 개발해야 합니다. 10점 이상의 점수가 나온 역할에 대해서도 지금보다 더욱 강화해야 할 부분이 무엇인지 팀장으로서 항상 체크해보길 바랍니다.

(2) 전체 점수를 합하여 5로 나누세요.

전체 점수의 평균이 9점 이하인 경우 점검한 Five Roles를 바탕으로 관찰자적인 입장에서 팀장으로서의 자신을 성찰할 필요가 있습니다. 또한 10점 이상이라 하더라도 자신이 생각할 때 보완해야 할 역할에 대해 성장시킬 수 있는 기회를 만들기 바랍니다.

〈Five Roles 진단 결과표〉

변화 주도자

촉진자　　　　　　　　　권능 부여자

의견 게시자　　　　　코치

에필로그

리더인 당신은 지금 구성원들과 최고의 순간을 함께하고 있습니까?《대지The Good Earth》라는 소설로 미국 여성 최초로 1938년 노벨 문학상을 수상한 펄 벅Pearl Buck과 2021년 아카데미 시상식 여우조연상을 수상한 영화배우 윤여정 씨에게는 그들이 70세라는 나이에 최고의 순간을 경험했다는 공통점이 있다. 펄 벅은 80세가 되던 해 인생 최고의 순간이 언제였냐는 질문에 "10년 전인 70세 때부터입니다. 나는 70세가 되었을 때 인생에 필요한 것들을 알았고, 이제 정말 즐겁게 살 수 있다는 확신이 들었기 때문입니다."라고 말했다. 배우 윤여정 씨는 어느 인터뷰에서 "잘 나가던 시절 기억은 다 버렸어요. 아무짝에도 쓸모없더라고요. 인간관계 다 끊고, 눈 닫고, 귀 닫았어요. 단역부터 별 이상한 역할까지 입금되면 다 했습니다. 영혼을 갈아 넣었어요. 연기철학? 그런 거 몰라요. 오늘 잘해서 내일 또 불러주기를 바랐습니다. 절실한 마음으로 일했어요. 이런 나의 연기가 마음에 들었는지 하나, 둘 박수 치는 사람들이 생기더라고요. 단역에서 조연으로 자리 잡아갔습니다. 불공정하고 불공평한 순간들을 내 힘으로 돌파하려고 애쓰고 노력했던 시간들이 뼈가 되고 살이 된 거 같아요. 40대의 단역이 없었다면 70대 아카데미도 없었을 것예요. 배고파서 시작한 연기였지만 이제는 내 삶의 일부가 되었어요. 죽는 날까지 꾸준히 연기하고 싶습니다."고 했다.

'최고의 순간'이라고 느끼는 상황은 사람마다 다를 것이다. 필자가 참여했던 어느 교육과정에서 나온 생애 최고의 순간에 대한 사례는 출산, 승진, 이직 성공, 사업 협력업체로 선정 등 다양했다. 이들의 다양한 인생 최고의 순간의 공통점은 무엇일까? 바로 '성취'였다. 성취란 것은 땀과 노력의 결과이다. 쉽게 얻어진 것에 대해서는 '성취'란 말보다는 '운이 좋았다.'는 말이 어울린다. 운 좋게 훌륭한 팀원을 만나고 업무적으로도 순탄하다면 팀장으로서 더할 나위 없는 행운일 것이다. 하지만, 그 운마저도 노력 없이는 얻기도 힘들고, 유지하기도 힘든 일이다.

팀장으로서 최고의 순간을 만들기 위해서는 무엇보다 팀원들의 최고의 순간을 함께 만들어가야 한다. 팀원이 불행하면 팀장도 불행하다. 팀장은 팀원을 위해 최선을 다해야 한다. 팀장에게 있어서 팀원들은 고객이고, 회사는 더 큰 고객이라고 생각한다. 이러한 고객에게 팀장으로서 진정성 있는 마인드를 굳게 함으로써 리더로서의 올바른 길, 가야 할 길을 갈 수 있는 힘이 더해지길 응원한다. 이 책이 완성되기까지 응원해준 가족과 친구 그리고 지금 함께하고 있는 팀원들에게 감사의 뜻을 전하고자 한다.

파이브 롤

초판 1쇄 인쇄 2023년 3월 21일
초판 1쇄 발행 2023년 4월 7일

지은이 이덕화
펴낸이 최익성

기 획 김민숙
편 집 정대망
마케팅 총괄 임동건
마케팅 지원 안보라, 이유림, 임주성
경영지원 이순미, 임정혁
펴낸곳 플랜비디자인
디자인 박규리

출판등록 제2016-000001호
주소 경기도 화성시 동탄첨단산업1로 27 동탄IX타워 A동 3210호

전화 031-8050-0508
팩스 02-2179-8994
이메일 planbdesigncompany@gmail.com

ISBN 979-11-6832-051-2 03320